## Zu diesem Buch

Mit diesem Buch wird der Unmenge mehr oder weniger brauchbarer Sex-Ratgeber kein weiterer hinzugefügt, sondern auf Aspekte aufmerksam gemacht, die in den meisten «How-to-books» eher zu kurz kommen.

Für ein gelungenes oder misslungenes Sexualleben sind unsere Denkstrukturen, Phantasien, Einstellungen, Vorurteile und «Privatideologien» von entscheidender Bedeutung. Insofern – so die These des Autors – findet Sex auch zwischen den Ohren statt, und das Gehirn ist eine erogene Zone. Verinnerlichte Normen, Werte und Verhaltensmuster werden in Relation zu ihren Leid oder Lust erzeugenden Resultaten gesetzt. In diesem Zusammenhang werden die häufigsten Mythen über Sexualität und Partnerschaft und die damit in Verbindung stehenden «inneren Monologe» untersucht. Der Gebrauchswert des Buches für die Leserinnen und Leser besteht in der leichten Nachvollziehbarkeit der vorgeschlagenen Methoden hin zu einer befriedigenden Partnerschaft und Sexualität. Vornehmlich die Rationale Selbstanalyse (RSA) hat sich dabei bewährt.

## Der Autor

Gisbert Redecker, Jahrgang 1943, studierte Sozialarbeit, Erziehungswissenschaften, Psychologie, Soziologie und Geschichte; Ausbildung in Rational-Emotiver Therapie und Kognitiver Verhaltenstherapie.

Seit vielen Jahren arbeitet er in eigener psychotherapeutischer Praxis in Idstein / Taunus mit dem Schwerpunkt Paar- und Sexualtherapie und führt Seminare, Workshops u. Ä. zum gleichen Themenkreis durch.

Gisbert Redecker

# Sex zwischen den Ohren
## Das Gehirn als erogene Zone

Rowohlt Taschenbuch Verlag

Originalausgabe
Veröffentlicht im Rowohlt Taschenbuch
Verlag GmbH, Reinbek bei Hamburg,
Mai 2000
Copyright © 2000 by Rowohlt Taschenbuch
Verlag GmbH, Reinbek bei Hamburg
Umschlaggestaltung Barbara Hanke
(Foto: Tony Stone / Laurence Dutton)
Satz Bembo und Caecilia PostScript (PageOne)
Gesamtherstellung Clausen & Bosse, Leck
Printed in Germany
ISBN 3 499 60682 8

# Inhalt

Einleitung 9

**KAPITEL 1**
Denken an Sex, Denken über Sex,
Denken über das Denken 11

**KAPITEL 2**
Verliebtheit und Romantik –
Romantik als Gefühlsideal und als Epoche 17

**KAPITEL 3**
Irrtum Liebe – über die Verwechslung eines Gefühls mit einem Ideal 27

**KAPITEL 4**
Märchen, Mythen, Monologe 37

**KAPITEL 5**
Phantasie und Wirklichkeit 55

**KAPITEL 6**
Por No? – Das Filmstudio im Hinterkopf 59

**KAPITEL 7**
Männer wollen immer nur dasselbe –
oder die Sache mit dem «Stehvermögen» 64

**KAPITEL 8**
«Du bist doch frigide!» 80

**KAPITEL 9**
Alles Krampf 92

**KAPITEL 10**
Normal – unnormal
Zwischen Statistik und Moral 96

**KAPITEL 11**

Kuscheln, Zärtlichkeiten und Blümchensex – oder «Sex pur»? 109

**KAPITEL 12**

Alles zerreden?
Über die Ungleichzeitigkeit des Auftretens von Wünschen und die Notwendigkeit von Verabredungen 113

**KAPITEL 13**

Fremdgehen und -gehen lassen 138

**KAPITEL 14**

Rat und andere -schläge
Über den Gebrauchswert von «Gebrauchsanweisungen» 149

**KAPITEL 15**

Das Gehirn als erogenste Zone 156

Weiterführende Literatur 159

«Ist Sex womöglich etwas Schmutziges?
Nur wenn man es richtig macht.»
WOODY ALLEN

# Einleitung

Sobald das Thema Sexualität zur Sprache kommt, setzen viele Menschen ein ganz ernstes Gesicht auf und erläutern mit bedeutungsschwangerer Miene – fortschrittlich, wie sie sind –, dass Sexualität in erster Linie Spaß machen, Lust bereiten und das Zusammenleben eines Paares bereichern solle. Alte Zöpfe, wie z. B. die unmittelbare Kopplung von sexuellem Verhalten und Fortpflanzung innerhalb staatlich und kirchlich sanktionierter Beziehungen und die Tabuisierung aller anderen Formen des Geschlechtslebens gelten als abgeschnitten, sexuelle Selbstbestimmung und Eigenverantwortlichkeit beherrschen das Feld – so heißt es.

Jedem aufmerksamen Beobachter der Szene fällt sofort auf, dass nicht nur zwischen sprachlichem Ausdruck und nichtsprachlichen Signalen eine Diskrepanz besteht, sondern dass auch unsere Sprache selbst kaum Möglichkeiten bietet, sich unverkrampft über einen der wichtigsten und – im Idealfall – schönsten Bereiche menschlichen Erlebens auszutauschen.

Entweder sprechen wir darüber in juristischem oder medizinischem Kauderwelsch, oder wir unterhalten uns wie zwei bekritzelte Türen in einer öffentlichen Toilette. Dazwischen scheint es, zumal im Bereich der Tätigkeitswörter (außer vielleicht haarscharf daran vorbeigehenden Formulierungen wie «zusammen schlafen» o. Ä.), nicht viel zu geben.

Was das für Auswirkungen auf das Denken über Sexualität hat, ist leicht vorstellbar. Wir denken nämlich nicht nur in Bildern, sondern in entscheidendem Maße auch in Sprache, und diese (gedachte) Sprache vermittelt uns bedeutsame Einstellungen, Gefühle und Verhaltensweisen, die wiederum auf unsere jeweiligen Denkstrukturen verweisen.

Wenn also bestimmte gedankliche Muster, die sich auf Sexualität beziehen, unvollständig, eingeengt, verzerrt, mit Angst und Schuldgefühlen betrachtet oder begrifflich unfassbar («unbegriffen») sind, kann daraus nur sehr schwer eine befriedigende Sexualität erwachsen. Wenn unser Denken also weitgehend unser Fühlen und Verhalten prägt, ist der Rückschluss erlaubt, dass auch ein Großteil sexueller Schwierigkeiten und Probleme Resultat möglicherweise unangemessener, d. h. unrealistischer und damit Leiden verursachender Denkweisen ist. Frustrationen, innere und äußere Konflikte in Partnerschaft und Sexualität lassen sich so häufig auf verinnerlichte, tief sitzende, häufig schon in der Erziehung vermittelte Normen und Wertvorstellungen zurückführen.

Es lohnt sich, genau dort bei entsprechenden Problemen den Hebel anzusetzen. Nicht zuletzt die Erfahrungen aus Paar- und Sexualtherapie geben diesem Ansatz Recht, denn was nützen uns die raffiniertesten Sexualtechniken, wenn die Gedanken nur um Misserfolge, Versagensängste, Regelverletzungen, Bestrafungen und andere negative Begleiterscheinungen sexuellen Handelns kreisen, anstatt dass wir lustvolle Phantasien und Verhaltensweisen ganz ohne Angst und Schuldgefühle zu entwickeln.

Denn zuallererst und auch dazwischen gilt: Sex findet zwischen den Ohren statt!

## KAPITEL I

## Denken an Sex, Denken über Sex, Denken über das Denken

Der Mensch kann über das Denken denken, sich in gewisser Weise beim Denken selbst beobachten. Wenn wir genau das tun, stellen wir fest, dass wir sowohl in Bildern denken, als auch in Sprache. Jenseits der Bilder führen wir sozusagen Selbstgespräche im Kopf, halten «innere Monologe», die, gleichgültig ob wirklichkeitsangemessen (rational) oder die Wirklichkeit verkennend (irrational) dafür verantwortlich sind, welche Gefühle – und Verhaltensweisen – ich in den jeweiligen Situationen entwickle.

Wenn Sie Ihre Tochter im Winterurlaub mit ihren Ski den Abhang heruntersausen sehen und dabei denken, «das kann nicht gut gehen», werden Sie ein anderes Gefühl dabei haben, als wenn Sie dächten «die kann aber toll Ski fahren». Der Stolz, den Sie bei dem zuletzt erwähnten Gedanken empfinden, unterscheidet sich radikal von dem Gefühl der Angst, obwohl das Ereignis – Ihre Tochter fährt mit ihren Ski den Abhang herunter – dasselbe ist. Lediglich Ihre Gedanken führten zu dem speziellen Gefühl. Es war also nicht das Ereignis selbst, welches die unterschiedlichen Gefühle auslöste, sondern wie Sie dieses Ereignis – gedanklich bewerteten (z. B. als gefährlich).

Denken kann also Gefühle hervorrufen und tut es auch

meistens, aber wir sind nicht gewöhnt, zwischen Gedanken und Gefühlen zu unterscheiden. Wenn Sie jemand anderem das eben beschriebene Ereignis schildern sollten, würden Sie vielleicht sagen «ich hatte das Gefühl, das kann nicht gut gehen», und schon hier wird deutlich, dass die Aussage «das kann nicht gut gehen» oder «das geht bestimmt schief» einen Gedanken ausdrückt und kein Gefühl. Das Gefühl ist Angst. Wir unterscheiden also oft schon auf der sprachlichen Ebene nicht zwischen Gefühl und Gedanken. Sensibilität für diesen Unterschied zu entwickeln ist schon der erste Schritt zu einer Realitätswahrnehmung, die Sie, Ihre Mitmenschen und Ihre Umwelt in eine angemessene Beziehung zueinander setzen.

**Denken macht Gefühle, nicht (nur) das, was passiert!**
Wohlgemerkt: Es geht hier nicht um das so genannte «Positive Denken». Dieses versucht ja, primär über den Weg der Selbstsuggestion, die eigene Selbsteinschätzung zu verbessern, durch Sätze wie «ich bin der/die Größte, Schönste, Beste» usw. Die raue Wirklichkeit überzeugt mich aber davon, dass dem doch nicht so ist – und schon brauche ich wieder einen Workshop in «Positivem Denken».

Bei unserem Ansatz geht es darum, dem Zusammenhang von Denken und Fühlen auf die Schliche zu kommen und Wege zu finden, über eine Veränderung des Denkens in Richtung halbwegs objektiver und relativ gelassener Wahrnehmung der Wirklichkeit unerwünschte, leidvoll erlebte Gefühle zugunsten erwünschter Gelassenheit, Freude und Lust beinhaltender Gefühle zurückzudrängen.

Dass es unserem Gehirn verhältnismäßig egal ist, ob etwas tatsächlich geschieht oder nur phantasiert wird, merken wir auch und gerade am Beispiel sexueller Phantasien. Wir alle wissen und haben auch schon die entsprechende Erfahrung gemacht, dass allein schon das gedankliche Ausmalen sexueller Vorgänge die entsprechenden körperlichen Reaktionen auslösen kann, also Erregung hervorruft und möglicherweise auch zu sexuellen Handlungen führt, z. B. zur Selbstbefriedigung.

Wenn das stimmt – und es stimmt wirklich –, dann führen im Umkehrschluss «negative» Gedanken («Wie verhalt ich mich denn nun richtig?», «Das klappt bestimmt nicht!», «Ich bin ein haltloses Ferkel!», «Männer wollen immer nur das eine!» usw.) ebenfalls zu den dazu «passenden» Gefühlen und körperlichen (Miss-)Empfindungen.

Auch hier trifft zu, was ich eben schon erwähnte: Nicht das, was geschieht, erzeugt Gefühle, sondern wie diese Geschehnisse gedanklich verarbeitet und bewertet werden. Zu diesen Geschehnissen können auch Phantasien gehören, die wiederum von unserer verinnerlichten «Zensurbehörde» als gut oder schlecht, verboten oder erlaubt, eingeschätzt werden – mit den entsprechenden emotionalen und verhaltensbezogenen Konsequenzen. Aus diesen Überlegungen lässt sich ein Schema ableiten, welches Ihnen helfen soll, die Mechanismen von Denken, Fühlen und Handeln zu durchschauen und – wenn nötig – zu korrigieren. Der Beginn einer solchen Rationalen Selbstanalyse könnte folgendermaßen aussehen – und wenn Sie das Ganze für sich selbst aufschreiben, wird es noch wirksamer sein, was die positive Veränderung belastender Gedanken und Gefühle angeht.

### Die Rationale Selbstanalyse

Es «passiert» etwas (einschließlich einer Phantasie), also ein

A) «auslösendes» Ereignis, wobei es in Wirklichkeit, entgegen meiner unmittelbaren Wahrnehmung, die

B) Bewertungen, als da sind
Gedanken,
Vorstellungen,
Vorurteile,
Phantasien,
innere «Monologe»
u. Ä.,
sind, die dazu führen, dass für mich bestimmte

C) Konsequenzen wahrnehmbar werden, die sich als
  1. Gefühle und
  2. Verhalten bemerkbar machen und für die Art und Weise, wie ich die Situation erlebe, verantwortlich sind.

Dieses ABC der Gefühle und des Verhaltens, später ergänzt noch durch ein D und E, wird Ihnen im weiteren Verlauf des Buches immer wieder begegnen und bestimmt, wie wir an und über Sex denken, welche Einstellung wir zu ihm haben, und wie wir uns verhalten.

Um einem möglichen Einwand gleich zu begegnen: Es geht mir nicht um eine wie auch immer geartete «Gefühllosigkeit», Gleichgültigkeit oder Indifferenz, auch nicht um eine rationalistische, «verkopfte» Herangehensweise an Fragen menschlicher Sexualität und Partnerschaft, sondern um eine unvoreingenommene, lustbetonte und zu den eigenen

Wünschen und Bedürfnissen – unter Einbeziehung der Wünsche und Bedürfnisse der/des jeweils anderen – stehende Haltung!

Es ist sicher jetzt schon klar geworden, dass dies nur möglich ist, wenn Sex als eine Angelegenheit verstanden wird, die sich auch und gerade im Kopf abspielt. Und wenn Sie ändern wollen, was Sie in diesem Bereich stört oder belastet, müssen Sie nicht nur Ihr Verhalten ändern (und/oder ihr(e) Partner(in) sein/ihr Verhalten), sondern vor allem, wie Sie über dieses und/oder zukünftige, über erwünschtes oder – noch – unerwünschtes Verhalten und Empfinden denken. Denn Ihr jeweils spezifisches Erleben von Sexualität ist fast ausschließlich abhängig von genau diesen Denkstrukturen.

Sooo unterschiedlich und variationsreich ist menschliches Sexualverhalten nun auch wieder nicht, trotz ausführlicher Darstellungen und Beschreibungen in den einschlägigen Medien. Aber wie es erlebt wird, ist so individuell und so unterschiedlich wie ein Fingerabdruck! Und genau auf das Erkennen und Anerkennen dieser individuellen Einzigartigkeit des sexuellen Erlebens (nicht unbedingt des Verhaltens) vor dem Hintergrund der entsprechenden gedanklichen (kognitiven) Muster kommt es an!

Wenn wir uns vor Augen halten, wie häufig wir mehr oder weniger intensiv an Sex denken, wird deutlich, wie wichtig der Mensch als sexuelles Wesen genommen werden muss. Das heißt, wir selbst sollten uns als sexuell empfindende Geschöpfe ernst nehmen und unsere unerwünschten, belastenden Gefühle nicht als unbeeinflussbare Naturgesetzlichkeiten betrachten, sondern als durch uns selbst zu beeinflussende und zu verändernde Größen. Dann wird Denken an Sex zu etwas Erfreulichem, zu etwas Kreativem und das Denken über das Denken – mithilfe unseres ABCs der Gefühle und des Verhaltens – zu einem machtvollen Mittel, das zu erreichen, was ich erreichen will.

Vorher jedoch sollten wir uns der Relativität, insbesondere auch der historischen Dimension unserer Gefühle bewusst werden. Das ist eine Betrachtungsweise, die Ihnen vielleicht unvertraut ist, da wir unsere Gefühle als feste Konstanten menschlicher Existenz zu betrachten gelernt haben und uns erst einmal schwer vorstellen können, dass ein so starkes Gefühl wie z. B. die Liebe auch einen geschichtlichen Aspekt besitzt.

Dies kann dazu beitragen, auf dem Weg wohl verstandener «Desillusionierung» und «Ent-täuschung» im Sinne möglichst realistischer Sichtweisen voranzuschreiten.

## KAPITEL 2

# Verliebtheit und Romantik – Romantik als Gefühlsideal und als Epoche

Schon die alten Römer ... Diesen Satzbeginn kennen Sie aus Ihrer Schulzeit. Aber wenn wir uns die Geschichte erotischer Beziehungen anschauen und wie in den jeweiligen Zeitläuften Sexualität gesellschaftlich vermittelt und organisiert war, welchen Stellenwert ein so unterschiedlich interpretierbarer und auch verkitschter Begriff wie die «Liebe» eingenommen hat und noch einnimmt, dann müssen wir noch weiter in die Geschichte zurückgehen. Denn schon die Verhältnisse im alten Rom müssen das Ergebnis vorangegangener, komplexer gesellschaftlicher und sozialer Prozesse gewesen sein, an deren Beginn wahrscheinlich gewaltige Umbrüche gestanden haben.

### Ein wenig Geschichte ...

Es spricht einiges dafür, dass die frühen menschlichen Gesellschaften matriarchalisch, also mutterrechtlich, organisiert waren.

Spuren davon lassen sich noch in den Vorstellungen von Göttinnen und in Sparta finden, dessen Auseinandersetzung mit dem Stadtstaat Athen – nach der Interpretation des Sexualwissenschaftlers Ernest Borneman – auch ein Konflikt war zwischen weitgehend noch matriarchalischer Gesellschaftsstruktur (Sparta) und sich etablierender partriarchalischer Ordnung (Athen – einschließlich des Götterhimmels mit Zeus an der Spitze).

Im Gegensatz zu Sparta, wo zwar mit ca. 18 Jahren geheiratet wurde, die Männer aber bis zum 30. Lebensjahr in den Kasernen blieben und die Frauen absolut toleriert in dieser Zeit andere Sexualpartnerschaften unterhielten, wurden in Athen die Mädchen vom Vater mit etwa 14 Jahren als «Jungfrau» verheiratet und tauschten dabei – obwohl die Männer häufig Militärdienst über das 30. Lebensjahr hinaus leisten mussten – lediglich die Vormundschaft des Vaters gegen die Vormundschaft des Ehemannes aus. Dieses patriarchalische System erlaubte Nichtathenerinnen noch nicht einmal diese Form der Geschlechterbeziehung, sodass sie nur die Möglichkeit hatten, als Konkubinen einen höchst unsicheren und durch Ausbeutung geprägten Status einzunehmen. Die Grenzen zur Hetäre, zur Prostituierten, waren fließend, die weit verbreitete und tolerierte Homosexualität war ebenfalls weniger Ausdruck großer Liberalität, sondern Symptom einer Frauenfeindlichkeit, die es als weniger verächtlich ansah, etwa mit einem Knaben oder Jüngling Geschlechtsverkehr zu haben als mit einem so unwürdigen Wesen wie einer Frau.

Ganz abgesehen davon bot – wie später in Rom – dieser Typus einer Sklavenhaltergesellschaft (von wegen «Wiege der Demokratie»!) für die besitzenden Männer genügend Abwechslung vom «Ehealltag». Auf jeden Fall hätte sich der antike Mann brüllend vor Lachen auf die Schenkel geklopft, wenn er mit unseren Vorstellungen von Liebe, Ehe, Sexualität, Treue und lebenslanger, monogamer Zweierbeziehung als zueinander gehörendes Wertesystem konfrontiert worden wäre.

Im ebenfalls streng patriarchalisch strukturierten Rom

wurde – zumindest in den herrschenden und besitzenden gesellschaftlichen Schichten – die Ehe häufig als politisches Instrument genutzt, um Güter und Macht für die «eigenen Kreise» zu sichern. Die Scheidung war auch für Frauen etwas leichter als in früheren Gesellschaften. Die später erfolgende Verschärfung der Ehegesetze führte dazu, dass sich selbst reiche Frauen als Prostituierte registrieren ließen – die tatsächliche Prostitution war weit verbreitet –, um, vom Gesetz unbehelligt, eine bestehende Liebesbeziehung weiter unterhalten zu können. Wie wenig Liebe und Ehe zusammengedacht wurden, zeigt auch die Tatsache, dass Ovids Buch über die «Liebeskunst» für Kurtisanen geschrieben wurde. Auch das häufig anzutreffende «Konkubinat» galt als akzeptable Lebensform, um den (politischen) Zwängen zu entgehen.

Auch unsere direkten Vorfahren, die Germanen, hatten ihre Gesellschaften patriarchalisch organisiert und kannten zahlreiche Eheformen. Die Vormundschaft über die Frau war stärker als in Rom, das Bestehen auf «Sittenreinheit» – natürlich in erster Linie der Frau – rigider. Bei der so genannten «Muntehe» musste der zukünftige Ehemann der Familie seiner Auserwählten den «Muntschatz» zahlen im Gegensatz zur «Friedelehe», wo am Morgen nach der Hochzeitsnacht die frisch vermählte Ehefrau von ihrem Mann die «Morgengabe» erhielt. Die «Kebsehe» kann analog zum Konkubinat gesehen werden. Diese Definition wurde später von der Kirche auch auf die Friedelehe angewendet. Die Grenzen zwischen den einzelnen Eheformen waren fließend, teilweise wurden mehrere Beziehungsformen zu gleicher Zeit aufrechterhalten, bis auf dem Konzil von Trient (1545 bis 1563) das Konkubinat endgültig verboten wurde.

Dies markiert den Meilenstein einer Entwicklung, die unter dem Einfluss des Christentums mit seiner Leib- und

Sexualfeindlichkeit die «bürgerliche» Ehe als Bollwerk gegen «Unzucht» und «ausschweifende» Sexualität betrachtete und einer zurückhaltenden, «gesitteten» und von «unschicklichen» Leidenschaften freien Beziehung das Wort redete, in der Sexualität in erster Linie der Fortpflanzung zu dienen hatte. Obwohl vorher Prostitution, promiskes Sexualverhalten (denken Sie z. B. an die mittelalterlichen Badehäuser) sowie die unterschiedlichsten Formen von Zweierbeziehungen als völlig normal galten, wurde sehr wohl – bis hin zur Literatur und etwa der Lyrik der Minnesänger – zwischen «hoher Minne», z. B. der so gut wie immer unerfüllten Liebe eines Ritters zu einer verheirateten Frau, und der «niederen Minne», also der auch körperlichen Liebe, unterschieden. Diese Abwertung der erotischen Sinnlichkeit, das Warnen vor der nicht zu zügelnden und Verderben bringenden, verzehrenden Leidenschaft finden in der Literatur nicht nur in dieser Zeit ihren Ausdruck in ergreifenden Werken (z. B. in Shakespeares Drama «Romeo und Julia»), in denen die Liebesgeschichten niemals «glücklich» im Sinne heutiger Kitschromane, also mit dem Eheschluss, enden, sondern in einer Katastrophe.

Die geschilderte Entwicklung vollzog sich natürlich nicht sprunghaft, sondern allmählich und widersprüchlich. Die Ehe galt als Sakrament, gleichzeitig bestanden – mehr oder weniger toleriert – viele «Konkubinate» weiter. Standesunterschiede beinhalteten nicht selten auch unterschiedliche Beziehungsformen.

Gerechterweise muss gesagt werden, dass der durch die kirchlich sanktionierte Ehe sich immer mehr durchsetzende Konsensgedanke durchaus etwas «Fortschrittliches» hatte, z. B. die freie Übereinkunft beider Beteiligten, die Ehe miteinander eingehen zu wollen, im Gegensatz zur oft sehr früh schon angebahnten Ehe durch die Eltern. Auch konnte durch die christliche Vorstellung von der Unauflöslichkeit der Ehe die Frau nicht mehr so ohne weiteres verstoßen werden – auch dies ein Fortschritt in einer nach wie vor streng patriarchalisch organisierten Gesellschaft.

Im durch harte Arbeit geprägten ländlichen Bereich wurde nicht zuletzt aus ökonomischen Gründen die Unauflöslichkeit der Ehe akzeptiert. Der Adel opponierte zwar, fand aber durchaus mithilfe der Kirche Schlupflöcher, um wechselnde Beziehungen eingehen zu können, beispielsweise durch eine «Annulierung» der bestehenden Ehe wegen Verwandtschaft, und sei diese auch noch so «verästelt» gewesen.

Die meisten Menschen gehörten aber nun einmal nicht zum privilegierten Adel, sondern verbrachten ihr Leben in Armut und mit kräftezehrender Schufterei. Stellen Sie sich bitte einmal die Lebens-, Arbeits- und Wohnbedingungen der Menschen vor einigen Jahrhunderten vor: Auf engstem ungeheiztem Raum zusammen mit anderen Familienangehörigen, Gesinde, Haustieren, ungeschützt vor den Augen anderer, praktizierte man Sexualität nach einem extrem harten Arbeitstag, die Frauen mit der Angst vor einer (erneuten) lebensgefährlichen Schwangerschaft – wie sollte sich wohl unter diesen Umständen eine erotische Kultur mit Zärtlichkeit, Eingehen auf den anderen und Sich-füreinander-Zeit-Nehmen entwickeln?

Im Zuge von Reformation und Gegenreformation wuchs die Sexualität und Körperfeindlichkeit weiter, das Zusammengehen von Kirche und Staat führte im 17. und 18. Jahrhundert dazu, dass die Vorstellung von der lebenslangen monogamen und offiziell sanktionierten Zweierbeziehung als das einzig legitime Geschlechtsverhältnis angesehen wurde.

Bestimmte Personengruppen, wie z. B. Handwerksgesellen, Knechte, Mägde, Soldaten, Arme und andere mehr, waren allerdings mit einem Eheverbot konfrontiert, das diese Menschen in «illegitime» Verbindungen zwang, mit ganz bestimmten, negativen Konsequenzen auch für die aus diesen Verbindungen entstammenden «unehelichen» Kinder. Nicht nur das, die «Illegitimität» dieser Beziehungen wurde nun auch noch häufig als Beweis für die «Haltlosigkeit» und «Triebhaftigkeit» der «niederen Stände» angeführt, die ja in Wirklichkeit gar keine andere Möglichkeit des Zusammenlebens besaßen.

Die Lustfeindlichkeit dieser Zeit prägte das Zusammenleben von Frauen und Männern. Formulierungen wie «die Erfüllung ehelicher Pflichten» können nur vor dem Hintergrund dieser sexualfeindlichen Geisteshaltung, die alles andere und darüber Hinausgehende als «Sünde» betrachtete, verstanden werden. Anders ist auch die Erfindung eines «chemise cagoule», eines schweren Nachthemdes, nicht zu erklären, das lediglich in Höhe des weiblichen Genitals eine passende Öffnung aufwies, was nicht nur dazu führte, dass Ehemänner ihre Frauen möglicherweise nie nackt gesehen haben, sondern darüber hinaus sicherlich auch nicht gerade dazu angetan war, rauschende Liebesnächte zu feiern.

Obwohl materielle Erwägungen bei der Partnerwahl immer noch eine große Rolle spielten, entstand im 18. Jahrhundert vor dem Hintergrund der Entwicklung der bürgerlichen Gesellschaft und der romantischen Bewegung mit ihren Idealen von persönlicher Freiheit, Individualität und der Respektierung, ja Verherrlichung der «Natur» – auch der menschlichen «Natur» – mit ihren Bedürfnissen, Gefühlen und Träumen, allmählich das Ideal der Liebesehe. Obwohl auch hier die Idee einer «vernünftigen» Liebe vertreten wurde, bestand das Neue dieses gesellschaftlichen Prozesses in dem Zusammendenken von Ehe, Liebe und Sexualität. Natürlich war die Verwirklichung dieser Ideale nur Vermögenden möglich, nur eine bestimmte materielle Ausstattung ließ es zu, Intimisierung, Individualisierung und Emotionalisierung in Beziehungen auch wirklich zu leben. Dazu gehörte beispielsweise die Voraussetzung, dass Frauen aufgrund des relativ hohen Einkommens des Ehemannes nicht mehr zur Erwerbstätigkeit gezwungen waren, sowie eine bestimmte Wohnkultur, die eine räumliche Distanzierung von den Dienstboten zuließ. Im Gegensatz zu den sich entwickelnden bürgerlichen Wertvorstellungen stand noch der Adel, für den die Ehe immer noch eine lästige Pflichtveranstaltung bedeutete und lustvolle Begegnungen außerhalb der Ehe die Regel waren.

Beim so genannten Proletariat sah die Situation wieder ganz anders aus: Nicht nur die Eheverbote, sondern besonders das materielle Elend weiter Bevölkerungskreise prägten die Lebensumstände in den «wilden Ehen». Die katastrophalen Existenzbedingungen mit Hunger, Krankheit und nicht vorhandenen Hygienemaßnahmen, unmenschlichen Arbeitsbedingungen, einschließlich der Kinderarbeit, führten dazu, dass die Lebenserwartung dieser Menschen skandalös niedrig war. Die humanistischen, idealistischen und romantischen Vorstellungen des Bürgertums hingegen standen im krassen Gegensatz zu dessen sozialer Verantwortungslosigkeit. Noch zu Beginn des 20. Jahrhunderts hatte eine Frau der Arbeiterklasse nicht selten bis zu 20 Geburten und Fehlgeburten. Dass nur zwei bis drei Kinder überlebten, war die Norm.

Angesichts dieser Zustände brauchen wir nicht viel Phantasie, um uns vorstellen zu können, dass beispielsweise die Flucht vor diesem sozialen und materiellen Elend in den

Alkohol eine «attraktive» Alternative darstellte und die bestehenden Beziehungen noch zusätzlich belastete. Von der Entwicklung einer «Liebeskultur» konnte unter solchen Bedingungen natürlich keine Rede sein.

### «Romantische Liebe»

Und irgendwie basteln wir immer noch an dieser «Liebeskultur». Es geht uns in den westlichen Industriegesellschaften inzwischen weitaus besser als noch zu Beginn des Jahrhunderts, und im Zuge der allgemeinen Liberalisierung und des Zurückdrängens kirchlicher Einflüsse hat sich auch die Einstellung zur Sexualität verändert. Aber von einer wirklich unbefangenen, von Schuldgefühlen und Ängsten weitgehend befreiten, erotischen Beziehungskultur und Erziehung sind wir immer noch weit entfernt. Anders wäre nicht zu erklären, dass sexuelle Themen in den verschiedensten Medien nach wie vor einen so breiten Raum einnehmen können, dass – trotz «Aufklärung» und angeblich stattgefundener «sexueller Revolution» – viele Menschen Probleme mit ihrer Sexualität haben und Partnerschaftskonflikte weiterhin die Hitliste der Lebenskrisen anführen.

Wenn auch eine unverkampfte Haltung zur Sexualität noch längst nicht Allgemeingut geworden ist, so hat sich eine Idealvorstellung über die «Liebe» aus der jüngeren Geschichte doch ziemlich durchgehend in den Köpfen und Herzen der Menschen festgesetzt: das Ideal der «romantischen Liebe». Wie uns unser kurzer Ausflug in die Geschichte zeigt, hat diese Entwicklung erst in der Wende zum 19. Jahrhundert – der Epoche der Romantik – begonnen, war also in der längsten Zeit der Menschheitsgeschichte in dieser Form alles andere als gelebte Wirklichkeit. Es ist also wichtig für uns, auch die geschichtliche Entwicklung unseres Denkens und Fühlens (Denken macht Gefühle!) in seiner Relativität zur jeweiligen historischen Situation zu reflektieren!

### Naturgesetze?

Für uns ist es inzwischen fast selbstverständlich, (romantische) Verliebtheit, Leidenschaft und Sehnsucht an den Anfang so gut wie jeder Liebesbeziehung zu setzen, sie als «Initialzündung» für eine lebenslange, monogame Zweierbeziehung zu betrachten, die getragen wird von geistig-seelischer Übereinstimmung, tiefen Gefühlen der Liebe, gemeinsamen Interessen, sexueller Erfüllung und Ausschließlichkeit (Treue!), vielleicht Erziehung der Kinder zu mündigen, auch sexuell selbst bestimmten Menschen.

Deutlich ist jedoch auch, dass an dieses zerbrechliche Gebilde, genannt «Ehe», «Zweierbeziehung», «Lebensgemeinschaft» oder wie auch immer, extrem hohe Erwartungen geknüpft werden. Angesichts der gestiegenen Lebenserwartung kann - im Vergleich zu früher – das Versprechen «bis dass der Tod euch scheidet» eine lange Zeit werden, und die Glückserwartungen, die sich auch bei uns modernen Menschen immer noch in entscheidendem Ausmaß auf die Partnerschaft richten, werden u. a. zu einer Hypothek, die abzutragen über die Jahrzehnte einer Zweierbeziehung deren gesamte Kräfte in Anspruch nehmen kann – mit nicht selten zweifelhaftem Ausgang.

Es wäre eine interessante Aufgabe, das Gefühlsideal einer Epoche, hier der Romantik, welches bis heute für die meisten Menschen Richtschnur ihrer Partnerwahl bedeutet, mit Blick auf die dahinter stehenden Philosophien, Ideologien und Interpretationen der Wirklichkeit zu untersuchen. Denn: Denken macht Gefühle! Wir würden möglicherweise tief verinnerlichte Normen und Werte entdecken, die für uns stärker handlungsleitend sind, als wir ursprünglich vermuteten. Die scheinbare «Naturgesetzlichkeit», mit der wir unsere Gefühle erleben, würde sich dann möglicherweise als das entpuppen, was sie – auch – ist: Resultat eines durch Erziehung und Umwelt tradierten Wertesystems, welches prinzipiell – wie alle Wertesysteme – auch einer Veränderung zugänglich gemacht werden könnte.

Die Hoffnung, die mit dieser Feststellung verknüpft wird, richtet sich folgerichtig darauf, dass wir nicht hilfloses Produkt von Umwelt- und Erziehungseinflüssen sind, sondern aktiv an der Veränderung unserer Einstellungen und damit eben auch unseres Verhaltens mitwirken können. Wieweit wir dies aus eigener Kraft bewerkstelligen können, welche «Hilfsmittel» uns zur Verfügung stehen, wann und wo wir vielleicht (professionelle) Hilfe in Anspruch nehmen sollten und wie wir bestimmte Situationen und Erfahrungen einschätzen könnten, wird uns im weiteren Verlauf dieses Buches noch ausführlich beschäftigen.

**KAPITEL 3**

# Irrtum Liebe –
# über die Verwechslung eines Gefühls
# mit einem Ideal

Wie wir gesehen haben, spielen Geschichte, Tradition, Erziehung und die daraus entstehende Verinnerlichung von Normen und Werten eine große Rolle bei der Empfindung dessen, was wir als Liebe, Begehren o. Ä. bezeichnen. Nicht nur Konflikte, die aus dem Widerspruch unserer Wünsche, Triebregungen und Bedürfnisse und unseren internalisierten Normen und Werten, unserem Gewissen, entstehen und – bei entsprechendem Verhalten – möglicherweise Schuldgefühle erzeugen, machen uns das Leben schwer. Wir laufen auch häufig – viele Menschen ihr ganzes Leben lang – mit heraushängender Zunge unseren Idealen und hohen (zu hohen?) Ansprüchen hinterher, ohne sie je völlig zu erreichen.

Das Ergebnis sind Versagenserlebnisse, begleitet wiederum von Schuldgefühlen und – daraus resultierend – Beschädigungen unseres Selbstwertgefühls. Wenn ich mich als Sünder, willensschwaches Weichei und kläglicher Versager wahrnehme, werde ich nicht nur mit einem permanenten «Minderwertigkeitskomplex» meine Tage verbringen, sondern unter Umständen auch die Rabattmarken kleben zum Erwerb einer Depression oder anderer neurotischer oder psychosomatischer Beschwerden, einschließlich sexueller Funktionsstörungen.

Zu untersuchen ist, wieweit die oben angesprochenen Normen und Werte, wieweit unsere («romantischen») Liebesideale und wieweit auch gesellschaftliche Vorstellungen und Rahmenbedingungen geeignet sind, uns ein wenigstens halbwegs glückliches (Liebes-)Leben führen zu lassen, oder uns eher unglücklich machen.

Selbstverständlich erleben wir beispielsweise Verliebtheit als ein heftiges Gefühl. Dennoch können wir auch hier schon Kognitionen, also Bewertungen, bewusste, halb bewusste oder auch unbewusste (auch das gibt es) Gedanken, Überzeugungen und Idealisierungen ausmachen. Das Faszinierende an der Verliebtheit besteht u. a. auch darin, dass mich – wenn sie denn auf Gegenseitigkeit beruht – in diesem Fall jemand so mag, wie ich selbst gern gesehen werden möchte – und umgekehrt. Es findet also eine gegenseitige Idealisierung statt – denken Sie an die sprichwörtliche «rosarote Brille» –, die nicht nur den jeweils anderen verklärt, sondern auch dem eigenen Selbstwertgefühl einen ungeheuren Auftrieb verleiht. Dass wir am Anfang einer «großen Liebe» stehen – dafür liegt noch kein Beweis vor. Wie jeder von uns weiß, ist das Gefühl, auf rosa Wolken zu schweben unter einem Himmel, der voller Geigen (oder Tenorsaxophone) hängt, nun mal kein Dauerzustand. Und dann kommt auf einmal der Moment, wo Ihnen die rosarote Brille von der Nase rutscht und Sie Ihre(n) Partner(in) im Licht der Realität betrachten (müssen) – und genau angesichts dieser möglichen Enttäuschung, also dieser Desillusionierung, wird es sich zeigen, ob Ihr Gefühl für den / die andere(n) nicht nur Intensität besaß, sondern auch tief genug ist, um die nun sehr anders erlebte Beziehung weiterführen zu können.

Damit dies möglich ist, braucht Liebe offensichtlich mehr

als das heftige Gefühl der Verliebtheit, welches sich wohl doch nicht über Jahre und Jahrzehnte aufrechterhalten lässt, ganz abgesehen davon, dass dies letztlich auch gar nicht wünschenswert wäre, denn irgendwann müssen wir uns auch mal wieder (gedanklich, kräftemäßig) um unsere Arbeit kümmern, um die Freunde und den kränkelnden Opa. Liebe braucht also vor allem ein Gefühl der Tiefe, dessen wir uns – weil vielleicht in der Intensität schwächer als das Gefühl der anfänglichen Verliebtheit – nicht immer hundertprozentig bewusst sind, das aber die Beziehung auch über eine längere Zeit hinweg «trägt».

Darüber hinaus behaupte ich, dass Liebe auch eine Entscheidung ist. Liebe ist die – mehr oder weniger – bewusste Entscheidung für einen anderen Menschen, die Entscheidung mit einem anderen Menschen zumindest eine Wegstrecke gemeinsamen Lebens zu gehen. Und aus diesem Verständnis lässt sich folgerichtig schließen: Liebe braucht auch den Verstand!

Erst mit ihm lassen sich auch jene Enttäuschungen, Frustrationen, Konflikte und (Persönlichkeits-)Veränderungen verarbeiten und bewältigen, von der keine Beziehung verschont bleiben wird.

Schon hier wird ersichtlich, dass bestimmte Verwechslungen von Gefühl und Ideal eher dazu angetan sind, Konflikte zu verschärfen und die Frustrationstoleranz herabzusetzen, Ärger und Wut auf den anderen und mich selbst hervorzurufen und damit die Beziehung, die so schön anfing, zu gefährden.

Nun ist es ja nicht so, als hätten wir beide, meine Partnerin / mein Partner und ich, die absolut gleichen – «richtigen» oder «falschen» – Beziehungsideale und Illusionen, nein, schon an diesem Punkt kann es zu erheblichen Auseinandersetzungen über vermeintlich ganz grundsätzliche Auffassungen kommen. Ohne die Fähigkeit und die Bereitschaft, offen über diese Unterschiede der «Grundeinstellungen» zu sprechen, ohne eine prinzipielle Kommunikationsbereitschaft beider Partner, einschließlich der Bereitschaft, Toleranz zu üben und dahin gehend zu interpretieren, dass sie die Möglichkeit einschließt, der andere könnte – auch – Recht haben, wird einer Beziehung keine günstige Zukunftsprognose auszustellen sein. Liebe braucht auch das Gespräch!

Vorher jedoch wird es nützlich sein – ob wir nun in einer (festen) Beziehung leben oder nicht –, uns unserer eigenen Ideale, «Privatideologien» und Privatphilosophien über die Liebe, die Sexualität im Allgemeinen und Besonderen bewusst zu werden.

Bei näherem Hinschauen entlarven sich schon manche durchaus auf der Oberfläche noch allgemein akzeptierte Normen als völlig wirklichkeitsfremd, wie jeder, der mit wachen Augen durch die Welt spaziert, feststellen kann: Wie schon kurz erwähnt, lässt sich ein permanentes, intensives Gefühl auf Dauer einfach nicht durchhalten, weil es schlicht zu viel psychische Kraft aufbrauchen würde, die auch woanders gebraucht wird (z. B. für den Beruf). Bei sehr jungen Menschen im Zustand heftiger Verliebtheit wären wir wahrscheinlich noch bereit, eine gewisse, zeitlich begrenzte «Arbeitsunfähigkeit» zuzugestehen. Bei einem 55-jährigen Mann, der buchstäblich, und das auch noch über längere Zeit, an nichts anderes mehr denken kann als an seine junge Geliebte und darüber seine beruflichen und sozialen Verpflichtungen «vergisst», würden Psychotherapeuten möglicherweise einen behandlungsbedürftigen «Hypererotizismus» diagnostizieren und eine entsprechende Therapie empfehlen.

Ein anderes Beispiel: Obwohl die vielen jungen Menschen, die vor dem Traualtar und/oder dem Standesbeamten stehen, dies auch mit der festen Absicht tun, ein Leben lang zusammenzubleiben und einander treu zu sein, spricht die Scheidungsstatistik eine andere Sprache (jede zweite Ehe wird während der ersten Jahre wieder geschieden). Im Überschwang der Gefühle wird eine geradezu «symbiotische» Beziehung angestrebt, ohne zu bedenken, dass «Symbiosen» in der Natur häufig parasitär sind, also den anderen «aussaugen» (wie das Schlinggewächs den Baum). Am Anfang einer Ehe ist diese «Nestbauphase» sicher schön und notwendig, aber dann kann eine Beziehung wohl nur gedeihen, wenn man sich Freiheitsspielräume zugesteht.

Dies scheint umso notwendiger zu sein, als in unserer Gesellschaft immer noch «zusammenleben» automatisch mit «zusammenwohnen» assoziiert wird – eine gedankliche Verknüpfung, die allmählich, zumindest von Paaren, die sich nicht (mehr) um kleine Kinder kümmern müssen, zugunsten größerer persönlicher, auch wohnungsbezogener Unabhängigkeit aufgegeben wird – «getrennt zusammenleben» («living apart together») lautet die Devise.

«Glück» wird jedoch immer noch weitgehend mit «Beziehungsglück» gleichgesetzt, und diese Beziehung hat sich zusammen mit den Kindern in den «eigenen vier Wänden», sozusagen «symbiotisch» (alles immer gemeinsam), abzuspielen – häufig um den Preis des gegenseitigen «Sich-die-Luft-Wegnehmens».

### Liebe braucht auch Freiheit!

Die tiefe Tragik großer Liebesgeschichten und -dramen liegt wohl in der fundamentalen Erfahrung der Protagonisten, eben nicht mit dem geliebten Menschen total verschmelzen zu können, sondern immer wieder auf die existentielle Einsamkeit jedweden menschlichen Daseins zurückgeworfen zu werden. Schon der Schlaf trennt uns vom anderen. Umso wichtiger wird es sein, eine verlässliche Basis für die Beziehung zu finden – jenseits unrealistischer Idealvorstellungen. Dies gilt nicht zuletzt auch für unsere Wünsche, Träume und Erwartungen in Richtung sexueller Erfüllung, die oft eine Gemengelage aus Verliebtheit, Verschmelzungssehnsucht und sexueller «Begehrlichkeit» sind und die Heranbildung eines jeweils paarspezifischen Bedürfnis- und Normensystems erfordern, das mit Blick auf eine wohlverstandene – und nicht egozentrisch missverstandene – «Selbstverwirklichung» beider Liebenden die Balance zwischen Nähe und Distanz zu halten imstande ist.

Über den eigentlichen «Sinn» von Beziehung / Ehe / Familie – falls es den jenseits der Arterhaltung überhaupt gibt – ist dabei noch nichts Entscheidendes ausgesagt. Die kulturelle Überhöhung und gesellschaftliche Vermittlung von Liebe und Sexualität bleibt aber unübersehbar und verstellt gleichzeitig den Blick auf unsere «eigentliche» Bedürfnisstruktur. Der Anspruch etwa der Einmaligkeit der «großen Liebe» – ein(e) Partner(in), ein Gefühl –, die Vorstellung, nur mit einem / einer Partner / Partnerin, die / der irgendwo auf der Welt lebt, glücklich werden zu können, ignoriert die Zufälligkeiten und die individuelle, von der jeweiligen Lebenssituation abhängige Bereitschaft, sich überhaupt emotional in einer Beziehung zu engagieren, und sitzt dabei gleichzeitig noch einer «Einmaligkeitsphantasie» auf, die in der Wirklichkeit keine Entsprechung findet.

Selbstverständlich können wir mehrmals im Leben die «Große Liebe» erfahren (karikiert in dem Wortungeheuer vom «Lebensabschnittspartner»), wir entwickeln uns ja auch weiter und verändern uns im Laufe unserer Biographie – und vielleicht entwickeln mein(e) Partner(in) und ich uns auch auseinander –, das ist konfliktreich und traurig, aber kein Grund, der Beziehung plötzlich Kübel von Unrat hinterherzuschütten, den Partner/die Partnerin zum «Buhmann/zur Buhfrau» aufzublasen, und die Kinder in dieser Auseinandersetzung zu instrumentalisieren.

Auf jeden Fall ist der Mensch liebesfähiger, als allgemein vorausgesetzt wird. Jemand kann sogar zwei Menschen zur gleichen Zeit lieben: eine Situation, die mit Sicherheit nicht ohne Konflikte und problemlos zu leben sein dürfte – gelinde ausgedrückt. Warum diese Tatsache gleichwohl so schlecht in unsere normativen Denkmuster passt, hat damit zu tun, dass wir möglicherweise «gelernt» haben, unsere Liebesfähigkeit als einen Schatz zu betrachten, der als Ganzes einem auserwählten Menschen geschenkt werden kann – damit aber auch endgültig futsch ist! – oder in kleinen Münzen an viele «oberflächliche» Beziehungen verplempert wird und auch dann den Betreffenden zum Schluss mit leeren Händen dastehen lässt.

Mit dieser «ökonomischen» Sichtweise unseres «Gefühlshaushaltes» verbindet sich oft eine Art von Tauschcharakter menschlicher Beziehungen. Das Warenförmige dieser Verbindungen zeigt sich darin, dass von beiden Partnern sehr darauf geachtet wird, nur das an Emotionen, Engagement und Offenheit in die Beziehung zu «investieren», was vom jeweils anderen eingebracht wird.

Und damit ich weiß, wie viel das sein soll, fängst du am besten damit an!

Wie unter solchen Voraussetzungen bedingungslose Liebe – auch im Sinne von Selbstlosigkeit –, d. h. Liebe ohne die Erwartung angemessener «Gegenleistungen», entstehen soll, bleibt schleierhaft. – Im Übrigen kann auch bei nur flüchtigem Hinsehen diese «Gefühlsökonomie» der Liebe nicht stimmen, bezieht sie sich doch willkürlich nur auf die geschlechtliche Liebe. Würde diese «Logik» Allgemeingültigkeit besitzen, dürfte ich gerade noch mein erstes Kind lieben, das zweite schon etwas weniger, das dritte schon erheblich weniger und das soundsovielte gar nicht mehr. Stimmt aber nicht, die «Liebesfähigkeit» scheint mit der Anzahl der «Liebesobjekte» sogar noch wachsen zu können!

**Wir sind liebesfähiger, als wir vermuten!**

Die schon angesprochene Tiefe eines Gefühls, ohne dass diese nun unbedingt und immer mit einer starken Gefühlsintensität korrespondiert, zusammen mit der bewussten Entscheidung für einen bestimmten Menschen vor dem Hintergrund kognitiver und kommunikativer Kompetenzen, d. h. des Einsatzes von Verstand, Sprechen und aktivem Zuhören («Verstand» = «Verstehen») scheint bisher das tragfähigste Fundament für eine gelingende – nicht um jeden Preis konfliktfreie! – Beziehung zu sein.

Das Beispiel der «Freundschaft» – im Gegensatz zur Liebesbeziehung – macht dies deutlich: Obwohl wir der Liebesbeziehung eine größere emotionale Intensität, Tiefe, überhaupt eine andere Qualität zusprechen würden, bleibt der eigentümliche Fakt bestehen, dass Freundschaften mit ihrer anderen (?) Gefühlsqualität im Allgemeinen dauerhafter als viele Liebesbeziehungen und Ehen sind. In der «Freundschaft» ist das Sexuelle in der Regel sowieso ausgeklammert – die Frage der Möglichkeit, der Chancen und «Gefährdungen» einer Freundschaft zwischen verschiedengeschlechtlichen heterosexuellen Partnern wäre eine gesonderte Untersuchung wert.

Freundschaften überstehen selbst große zeitliche und räumliche Trennungen völlig unbeschadet. Einem guten Freund falle ich auch dann in die Arme, wenn wir uns Jahre nicht gesehen haben, und beide haben wir auch noch das Gefühl, als hätten wir uns gestern erst voneinander verabschiedet. Außerdem hatten wir auch nie das Gefühl, dass unsere Freundschaft auch nur im Geringsten gefährdet gewesen sei – schon gar nicht durch andere Freunde. Im Gegenteil, seine Freunde sind – prinzipiell – auch meine Freunde.

Die Vorstellung von Eifersucht etwa hätte in diesem Zusammenhang einen geradezu albernen und peinlichen Beigeschmack. Welch ein Unterschied zu den Liebesbeziehungen, die ja angeblich von einer weitaus innigeren Gefühlsqualität geprägt sind! Und woher rührt dieser Unterschied? Ich glaube, dass dieser Unterschied (und die Entstehung von Eifersucht) vor allem etwas mit Besitzdenken und Besitzansprüchen zu tun hat! Selbstverständlich spielt auch die Frage nach der Stabilität des eigenen Selbstwertgefühls eine große Rolle. Freundschaften «funktionieren» häufig auch deshalb so gut, weil keine Besitz- und Exklusivitätsansprüche an den anderen gestellt werden. Ganz im Gegensatz zu unseren Ehe- und Lebensgemeinschaften, deren gelegentlich kreischende Eifersuchtsdramen regelmäßig Ansprüche als Ursache haben, die unserem oben formulierten «Freiheitsgebot» für intakte Beziehungen diametral entgegenlaufen.

Ausgesprochen deprimierend sind auch die Befunde hinsichtlich der Stabilität einer Beziehung und der Loyalität des jeweiligen Partners beim – vermeintlichen – Verlust der sexuellen Attraktivität der Partnerin, beispielsweise verursacht durch eine Brustamputation. Das «Ideal» sexueller Attraktivität, bei gleich bleibender körperlicher Unversehrtheit, ist der zynische Vorwand für brutal egoistische Verhaltensweisen vieler vorher doch so «liebender» Männer – die Geschichten, die Patientinnen in Kur- und Rehakliniken über zerbrochene Ehen und aufgekündigte «Liebesbeziehungen» erzählen können, sprechen ihre eigene Sprache.

Bei einer wirklichen Freundschaft können wir uns ein solches Verhalten kaum vorstellen, besteht doch Sinn und Inhalt einer Freundschaft auch und gerade in dem Beistand, den ich von einem Freund – ohne dass irgendeine Gegenleistung auch nur ansatzweise ein Thema sein könnte – erwarten kann, wenn ich in Not geraten bin. Keine Frage, hier besteht eine erhebliche Diskrepanz zwischen Liebes- und Freundschaftsideal, und ich bin der festen Überzeugung, dass bei aller wünschenswerten und mit Freude zu begrüßenden «Romantik» – vor allem zu Beginn einer «Liebesgeschichte» –, bei allem «Bemühen» um Harmonie und sexuelle Erfüllung funktionierende Beziehungen durchgehend erhebliche Anteile von Freundschaft in sich vereinen.

Liebe braucht starke Elemente der Freundschaft!

Fehlen diese Elemente, kann es sein, dass die «Liebe» ein Irrtum bleibt und das Gefühl mit einem Ideal verwechselt wird, welches Märchen und Mythen näher steht als der Wirklichkeit – doch davon mehr im nächsten Kapitel.

## KAPITEL 4

# Märchen, Mythen, Monologe

Die Feststellung, dass Märchen und «Mythen» nicht allzu viel mit der Wirklichkeit zu tun haben, ist trivial. Kaum ein anderer Bereich menschlichen Erlebens und Verhaltens ist mit mehr Ideologien, Moralvorstellungen und ganzen ethischen Systemen verbunden als die Sexualität. Mit Märchen und Mythen sind hier nicht in erster Linie die überlieferten, märchen- und sagenhaften Erzählungen der Völker mit ihrem stark symbolhaften Charakter gemeint, sondern die Summe der zu unserem Thema gehörenden Überzeugungen, Einstellungen, Vorurteile u. Ä., die – erziehungs- und umweltbedingt – Teil unseres verinnerlichten Normen- und Wertesystems geworden sind und unsere Handlungen bestimmen.

Wie im ersten Kapitel schon ausgeführt, finden diese Muster in aller Regel ihren Niederschlag in gedachten sprachlichen Formulierungen (natürlich auch in Bildern), in «inneren Monologen», die in ihrer Konsequenz für uns ganz erhebliche Auswirkungen auf unsere Gefühle und auf unser Verhalten haben. Bis hin zur Partnerwahl, der «Liebe auf den ersten Blick» – unserem Selbstbild («Eigenvorurteil»), das durch «wirkliche» oder vermeintliche Persönlichkeits- und Schönheitsideale geleitet wird, gemessen an inneren «Attraktivitätsskalen» und gespeist von Erwartungen. All dies in

Übereinstimmung zu bringen und eigene Normen, Werte und «Ideale» zu entwickeln sollte die Aufgabe eines jeden Paares sein.

Der Unterschied zwischen sexuellen Wunschvorstellungen, Normen, «Mythen», Erwartungshaltungen und tatsächlichem Sexualverhalten kann sehr groß sein und zu sexuellen Problemen und Störungen führen. Hinzu kommt, dass sich das mit diesen Erwartungen verbundene Rollenverständnis von Frau und Mann im Laufe der letzten Jahrzehnte zum Teil erheblich gewandelt hat, im Zuge dieser Entwicklung Identitätskonflikte entstanden und immer noch entstehen und Modifikationen, Umdeutungen und Neudefinitionen der weiblichen und männlichen Rolle an der Tagesordnung sind. Die daraus entstehende Verunsicherung hinsichtlich des «richtigen Verhaltens» kann auch als Chance begriffen werden, in einem sozusagen offenen System selbst gestaltend zu wirken und eine individuelle, den eigenen Bedürfnissen und denen der Partnerin / des Partners entsprechende Nomenklatur von Werten und Geschlechtsidentität zu entwickeln. Dazu ist es nötig, den eigenen, häufig gar nicht so sehr bewussten inneren Monologen und Überzeugungen auf die Spur zu kommen und ihren Realitätsgehalt zu analysieren sowie gegebenenfalls durch wirklichkeitsadäquate Gedanken und Vorstellungen (Kognitionen – von lat. cogitare = denken bzw. cognoscere = erkennen) zu ersetzen.

Helfen kann uns dabei das «A B C» der Gefühle, d. h. der erste Teil der «Rationalen Selbstanalyse», wie ich sie auf Seite 14 erläutert habe.

### Das ABC der Gefühle

Stellen Sie sich bitte folgende Situation vor. Sie begegnen auf einer Fete «der Frau / dem Mann Ihrer Träume».

Ihr gesamter Wahrnehmungsapparat ist auf höchste Aufmerksamkeit geschaltet, Sie sind praktisch nur noch ein «Empfänger», der mit sämtlichen zur Verfügung stehenden «Antennen», Ihren Sinnen, die «Signale» des «Senders», also der / des Angebeteten, begierig aufnimmt. Aussehen, Bewegung, Mimik, Gestik, Sprache, Kleidung, der Händedruck, der Duft dieses Menschen und viele andere Informationen werden wahrgenommen – und umgekehrt: Auch Sie senden «Signale», «Botschaften» auf der nichtsprachlichen und möglicherweise auch auf der sprachlichen Ebene, die von Ihrem Gegenüber auf ganz bestimmte Art und Weise verarbeitet werden. Die Verarbeitung dieser Sinnesreize findet im Gehirn statt, und schon dort verläuft ein Auswahl- und Einordnungsprozess auf der Folie höchst individueller Erfahrungen sowie deren Verallgemeinerungen – vielleicht als «Grundüberzeugungen» wirkende positive oder negative Selbst- oder Fremdvorurteile, vielleicht auch von realistischen oder unrealistischen Erwartungen, von «vernünftigen» oder «unvernünftigen» Idealen, von wirklichkeitsbezogenen oder wirklichkeitsentfernten Ansichten und Einstellungen, kurz, von bewussten, halb bewussten und – zumindest bisher – unbewussten «Kognitionen». Hinzu kommt Ihr Selbstbild, positiv oder negativ, eher selbstbewusst oder eher selbstunsicher, auch dies gedanklich und sprachlich recht klar formulierbare Werte und Normen. Die Wahrnehmung der Erscheinung, des Aussehens, des Verhaltens der / des anderen verläuft also schon an diesem Punkt – und in der berühmten Gedankenschnelle – nicht völlig «objektiv», sondern ist geprägt von den eben geschilderten kognitiven Abläufen. Das ganz konkrete Erleben der Situation mit seinen emotionalen Konsequenzen, in diesem Beispiel dem Gefühl großer Sympathie, vielleicht schon einer beginnenden Verliebtheit, ist also Resultat äußerst komplizierter mentaler Vorgänge!

Oder, wie es der antike Philosoph Epiktet aus der Schule der Stoiker sinngemäß ausdrückte: «Es sind nicht die Ereignisse selbst, die den Menschen beunruhigen, sondern die Vorstellungen, die er sich von diesen Ereignissen macht!»

Ereignisse selbst können keine Gefühle erzeugen, sonst würden alle Menschen auf ein Ereignis auch gleich reagieren und wir wären nicht viel mehr als jederzeit konditionierbare Reflexbündel.

Stellen Sie sich nur einmal vor, Sie säßen in einem startenden Flugzeug. Für alle Passagiere ist das Ereignis gleich, doch Sie selbst freuen sich auf Ihren Urlaub, dem Flugphobiker steht der kalte Schweiß auf der Stirn, die beiden achtjährigen Kinder finden alles furchtbar spannend, und der Geschäftsmann, der jede Woche einmal diese Reise unternimmt, blättert gelangweilt in seiner Managerzeitung. Das Ereignis ist gleich, doch die jeweils individuelle Reaktion darauf höchst unterschiedlich. Und die Unterschiedlichkeit des individuellen Erlebens hat ihren Ursprung in der unterschiedlichen mentalen Verarbeitung und Bewertung der Ereignisse (z. B. als gefährlich, erfreulich, interessant usw.).

Um auf unser Beispiel von der Begegnung mit «der Frau / dem Mann Ihrer Träume» zurückzukommen: Es ereignet sich etwas, Sie begegnen einem bestimmten Menschen und reagieren darauf u. a. mit deutlich wahrnehmbaren Gefühlen. Nun wissen Sie aber inzwischen, dass Ereignisse nur scheinbar Gefühle und Verhalten auslösen können. Zumindest im Nachhinein bei der Rekonstruktion des Ereignisses in Ihrer Phantasie kommen Sie dahinter, dass das Wort «auslösen» in Anführungszeichen gehört, weil es tatsächlich die gedanklichen Bewertungen waren, die für Ihre Gefühle und für Ihr Verhalten die «Verantwortung» trugen. Halten Sie sich bitte noch einmal vor Augen: Es passiert ein

A) «auslösendes» Ereignis

Sie begegnen auf einem Fest «der Frau / dem Mann Ihrer Träume». Schon jetzt kann es wichtig sein, sozusagen genau hinzuschauen, was tatsächlich passiert ist, damit nicht schon an dieser Stelle zu viele – vielleicht normative – Interpretationen einfließen. Jemand erzählt z. B. davon, dass sein Chef ihn am Morgen angepfiffen habe. Beim Nachfragen erfahren Sie, dass der Chef lediglich gesagt hat: «Bitte, Herr Dingenskirchen, arbeiten Sie bei diesem Vorgang in Zukunft noch sorgfältiger!» Also finden wir schon hier, bei der Schilderung des «auslösenden Ereignisses», eine möglicherweise nicht mehr ganz realitätsangemessene erlebnisbezogene «Färbung» des Ereignisses vor. Um dem vorzubeugen, empfiehlt es sich, eine Art gedanklichen «Kamera-Check» vorzunehmen. Sie stellen sich vor, jemand wäre mit einer Tarnkappe und einer Videokamera unsichtbar hinter Ihnen hergegangen und hätte die gesamte Szene aufgenommen. Diese «Aufnahme» bildet dann die Wirklichkeit ab, nicht die Schilderung eines «Anpfiffs». Also präzisieren Sie das

A) «auslösende» Ereignis

durch einen – gedanklichen – «Kamera-Check»! Um A auf den Punkt zu bringen, könnte das beispielsweise so aussehen: Mein Freund Kuno / meine Freundin Kunigunde stellt mir auf einem Fest Karl oder Karla Schulze-Meier vor mit den Worten: «Darf ich dir Herrn / Frau ... vorstellen?» Und zu meinem Gegenüber sagt Kuno / Kunigunde: «Das ist mein(e) alte(r) Freund(in) ... Ich lass euch jetzt mal für einen Moment allein – da drüben gibt's was zu trinken!»

Schildern Sie also präzise das «auslösende» Ereignis und schauen Sie hin, welche Phantasien, Vorstellungen, «innere Monologe», also welche

B) Beurteilungen

Ihnen durch den Kopf gehen! Sie könnten z. B. denken:
1. «Der / die sieht aber toll aus!»
2. «Hoffentlich gefalle ich ihm / ihr auch so gut!»
3. «Genau das, wonach ich schon lange gesucht habe!»
4. «Ein Mensch, der so aussieht wie mein(e) Traummann / Traumfrau, kann gar nicht dumm und uncharmant sein!»
5. «Ich muss sehen, dass wir den ganzen Abend zusammenbleiben!»
6. «Von mir aus kann ruhig mehr daraus werden!»
7. «Zumindest eine Verabredung sollte drin sein!»

Die wahrnehmbaren

C) Konsequenzen

dieser Gedanken wären vielleicht
1. Gefühle der Aufregung, einer (beginnenden) Verliebtheit – begleitet von Herzklopfen, «Schmetterlingen im Bauch», leicht zitternden Händen und Gesichtsröte und Ihr
2. Verhalten wäre möglicherweise gekennzeichnet durch einen mehr oder weniger ungebremsten Redefluss.

Die geschilderte Situation wird von Ihnen höchstwahrscheinlich als eher angenehm erlebt, und kein vernünftiger Mensch würde sich hinsetzen und angesichts seiner Verliebtheit eine «Rationale Selbstanalyse», wie sie oben und auf Seite 14 schon ansatzweise vorgestellt wurde, durchführen.

Es könnte nämlich das passieren, was Sie vielleicht in Ihrer frühen Jugend auch schon einmal erlebt haben: In dem Moment, wo Sie anfingen, Ihre eigene Verliebtheit zu analysieren, veränderte dieses Gefühl – vorsichtig ausgedrückt – seine Qualität, ja, es konnte passieren, dass dieses schöne Gefühl über kurz oder lang verschwand. Dies beweist, dass Gedanken offensichtlich Gefühle verändern können. Nur ist es natürlich völlig absurd, dies bei erwünschten, positiven Gefühlen zu tun – obwohl wir das ausgesprochen gut können: Wir stehen morgens mit einer glänzenden Laune auf, sind «richtig gut drauf», und dann plappert im Hinterkopf irgendeine dusselige Stimme davon, dass Vögel, die morgens zu früh zwitschern, von der Katze gefressen werden, Hochmut vor dem Fall komme und ich im Übrigen («Wenn's dem Esel zu gut geht ...») heute bestimmt noch eins auf den Deckel kriege. Auf dem Weg der sich selbst erfüllenden Vorhersage werde ich – unbewusst – auch schon dafür sorgen. Und wenn dann wirklich etwas schief geht – sei es «unbeabsichtigt» selbst herbeigeführt oder nur das Resultat bestimmter negativer Bewertungen –, fühle ich mich wieder schlecht und bin nun davon überzeugt, wieder meinen normalen und realitätsangemessenen Gemütszustand erreicht zu haben.

So gehen wir leider häufig mit uns selbst um, anstatt diesen Denk-Mechanismus dort einzusetzen, wo er uns wirklich nützen könnte, nämlich bei der Beseitigung unerwünschter, selbst schädigender Gedanken und Gefühle! Denn bei uns allen laufen «Filme» im Kopf ab. Filme ohne Happyend und mit uns als «Verlierern». Stattdessen sollte es darum gehen, realistische, dokumentarische Streifen vor dem Hintergrund wirklichkeitsangemessener Drehbücher herzustellen, und die Happyends nicht zu verschweigen bzw. die Regel der sich selbst erfüllenden Vorhersage auch auf wünschenswerte Effekte anzuwenden!

Um auf unser Beispiel von Seite 39 zurückzukommen: Niemand würde, wie gesagt, versuchen, erwünschte Gefühle durch eine Rationale Selbstanalyse (im weiteren Verlauf des Buches mit RSA abgekürzt) zu beseitigen – aber wir Menschen empfinden und erleben Situationen oft gefühlsmäßig als widersprüchlich und zwiespältig. Schon in unserem Beispiel könnten durchaus unter «B» Kognitionen «halb bewusst» mitschwingen, die eher unerwünschte emotionale Konsequenzen nach sich ziehen, und dann würde es sich durchaus lohnen, diesen (halb) verborgenen Kognitionen hinsichtlich ihres Realitätsbezuges zu Leibe zu rücken.

Schauen wir uns das einmal genauer an:

A) «auslösendes» Ereignis, «Kamera-Check»

(A.) Mein Freund Kuno / Meine Freundin Kunigunde stellt mir auf einem Fest Karl oder Karla Schulze-Meier vor (usw. wie auf Seite 41 f.).

Die dann folgenden – ambivalenten – Bewertungen könnten somit durchaus in ihrer «Negativvariante» dazu führen, dass sich unerwünschte Gefühle wie etwa Unsicherheit und Angst einstellen. Vergleichen Sie bitte einmal die sieben «B», die sozusagen die andere Seite der gleichen «Bewertungsmedaille» darstellen:

B) Bewertungen (vgl. Seite 42)

1. «Im Vergleich zu ihm / ihr bin ich ja ausgesprochen unattraktiv!»
2. «Wie sollte ich ihm / ihr gefallen können, er / sie ist bestimmt etwas Besseres gewöhnt!»
3. «Er / Sie ist unerreichbar für mich.»
4. «Jemand, der so gut aussieht, ist bestimmt strohdumm!»
5. «Am besten gebe ich mich äußerst zurückhaltend!»
6. «Die ganze Angelegenheit hat sowieso keine Chance!»
7. «Deshalb werde ich erst gar keine Verabredung anstreben!»

Na prima, und die Konsequenzen?

C) Konsequenzen

1. Gefühle der Unsicherheit und Angst, zusammengezogenes Zwerchfell, feuchte Hände, trockener Mund und ein «Kloß im Hals».
2. Holperige Sprache, häufiges Räuspern, eckige Bewegungen und letztlicher Rückzug kennzeichnen Ihr Verhalten.

Wenn das alles so abläuft, dann, und nur dann, könnte eine aufrichtig durchgeführte RSA dazu verhelfen, unerwünschte Gefühle und unerwünschtes Verhalten durch erwünschte Gefühle und erwünschtes Verhalten zu ersetzen. Dazu ist es nötig, wie auf Seite 14 schon angekündigt, das ABC der Gefühle und des Verhaltens durch die Punkte D und E zu ergänzen:

D) Disputation (also ein «Streitgespräch», diesmal mit mir selbst – dies ist ein viel schärferer Begriff als der relativ harmlose Begriff «Diskussion»)

der «B», also der Bewertungen nach den Kriterien:

1. Ist der Gedanke realistisch, d. h., entspricht er der objektiven Wirklichkeit? (Für die Philosophen unter Ihnen: Wir tun mal so, als gäbe es so etwas wie die «objektive» Wirklichkeit – als Arbeitshypothese ist der Begriff immer noch verhältnismäßig brauchbar!)
2. Hilft mir der Gedanke dabei, mein(e) Ziel(e) zu erreichen?
3. Hilft mir der Gedanke dabei, unerwünschte Gefühle gar nicht erst entstehen zu lassen?
4. Hilft mir der Gedanke dabei, unerwünschte Konflikte in meinem sozialen Umfeld gar nicht erst entstehen zu lassen?

Das erste Kriterium ist das wichtigste, die drei anderen sind sozusagen «Hilfskriterien», die erst dann herangezogen werden sollten, wenn das erste Kriterium (noch) nicht eindeutig bejaht oder verneint werden kann.

Wenn aber nur eines der vier Kriterien mit «nein» beantwortet wird, so ist der befragte Gedanke als «irrational» und damit als überflüssig und selbst schädigend einzustufen!

Wenn irgendwie möglich, sollte nun zu diesem unrealistischen Gedanken eine realistische Alternative (RA) formuliert werden! Beispiel (s. Seite 45):

B) Bewertungen

1. «Im Vergleich zu ihm/ihr bin ich ja ausgesprochen unattraktiv!»

Die Disputation dieses Gedankens (D) könnte darauf hinauslaufen, dass ein Vergleich, zumindest zu diesem Zeitpunkt, überhaupt nicht möglich ist, und wenn: dass solche Vergleiche in der Regel vor dem Hintergrund höchst fragwürdiger gesellschaftlicher «Attraktivitätsskalen» und «Schönheitsidealen» stattfinden und somit überhaupt nicht festgestellt werden kann, dass ich «ausgesprochen unattraktiv» bin (Kriterium 1). Die rationale Alternative (RA) lautet also, dass die Wahrscheinlichkeit genauso hoch ist, als «ausgesprochen attraktiv» angesehen zu werden – nach welchen Maßstäben auch immer. (An dieser Stelle wird deutlich, dass es sich lohnt, diese Maßstäbe, wenn sie denn zu verinnerlichten Normen und Werten geworden sind, hin und wieder gründlich zu hinterfragen.)

Auch nach den Kriterien 2, 3 und 4 ließe sich disputieren und eine rationale Alternative (RA) entwickeln, denn der Gedanke an meine Unattraktivität hilft mir nicht dabei, mein Ziel zu erreichen (z. B. eine Beziehung zu einem anderen Menschen herzustellen). Er braucht nicht weiter begründet zu werden, auch weil er mich daran hindert, unerwünschte Gefühle zu vermeiden (ich werde ja erst durch diesen Gedanken gehemmt, verlegen, bekomme «Minderwertigkeitsgefühle» u. Ä.) oder unerwünschte Konflikte zu vermeiden (wer weiß, wie ich mich aufgrund der frustrierenden Erfahrung zu anderen Menschen oder zu dem besonderen Menschen, um den es hier geht, verhalten würde …).

Eine wiederholte gründliche Analyse meiner Kognitionen, die ich immer dann anstellen werde, wenn unerwünschte Gefühle und unerwünschtes Verhalten (C) mir das Leben schwer machen, bewirkt bestimmte Effekte, die schließlich dazu führen werden, dass sich unter

E) 1. erwünschte Gefühle

   (z. B. Zuversicht und Selbstvertrauen) und
   2. erwünschtes Verhalten
   (z. B. spontan auf Menschen zuzugehen) einstellen.

Zusammenfassend lässt sich das Schema der «Rationalen Selbstanalyse» (RSA), wie sie ursprünglich von dem amerikanischen Psychotherapeuten Albert Ellis, dem Begründer der Rational-Emotiven Verhaltenstherapie, entwickelt wurde, folgendermaßen darstellen:

Rationale Selbstanalyse

| A auslösendes Ereignis | «Kamera-Check» |
|---|---|
| B Bewertungen (Gedanken, Phantasien, Vorurteile, Vorstellungen usw.) | D Disputation der B |
| C Konsequenzen 1 unerwünschte Gefühle 2 unerwünschtes Verhalten | E1 erwünschtes Gefühl E2 erwünschtes Verhalten |

Anhand der (schriftlich und wiederholt durchgeführten) RSA (in einer Therapie ist unter dem Punkt D die Therapeutin/der Therapeut zu finden) lassen sich unter strikter Beibehaltung des vorgestellten Schemas sehr erfolgreich verinnerlichte «Glaubenssätze», selbst schädigende, selbst abwertende «innere Monologe», «absolutistische» Denkmuster («muss», «darf nicht», «immer», «nie» usw.) und «katastrophisierende» Phantasien abbauen und in Richtung erwünschter Gefühle und Verhaltensweisen verändern, wobei gerade auf dem Gebiet der Sexualität tradierte sowie höchst «private» Märchen und Mythen mit dieser Methode einer wirklichkeitsangemessenen Bearbeitung zugänglich gemacht werden können.

Stichwort «Märchen» und «Mythen»: Selbstverständlich sind wir alle mit bestimmten überlieferten Vorstellungen aufgewachsen, die sich nicht selten im weiteren Leben zu persönlichen «Grundüberzeugungen», «Privatphilosophien» und individuellen «Ideologien» verdichten.

Diese Gemengelage aus tradierten Überzeugungen – die häufig auch als Vorurteile wirksam werden – und verallgemeinerten persönlichen Erfahrungen bzw. der Bewertungen (B) dieser Erfahrungen lassen bei vielen Menschen Gedanken und Phantasien entstehen, deren selbst schädigende Effekte gerade mit Blick auf Liebe und Sexualität offenkundig sind.

Wir alle haben ein «Hollywood-Filmstudio» im Hinterkopf, und dieses Studio ist mehr oder weniger oft mit der Herstellung von Katastrophenfilmen beschäftigt, und zwar in Breitwand, Technicolor und Dolby-Stereo. Katastrophenfilme, in denen wir das Opfer sind, Filme, deren Realitätsgehalt äußerst dürftig ist, die uns aber ängstigen, unser Selbstvertrauen schädigen und auf dem Weg der sich selbst erfüllenden Vorhersage auch zum Eintritt des befürchteten Ereignisses führen können. Hier gälte es nun, mit Hilfe der RSA der Realität zu ihrem Recht zu verhelfen, und Lebensskripte zu entwerfen, die verwirklichbar sind und der Hauptperson zu einem gelungenen Leben verhelfen (s. Seite 48). Wenn wir uns für unsere eigenen Denkgewohnheiten genügend sensibilisieren, werden wir feststellen, dass häufig Katastrophengedanken, so genannte «Katastrophisierungen», unser Gemüt durchziehen.

Erkennbar sind diese «Katastrophisierungen» nicht nur in den Szenen, in denen uns diverse Missgeschicke, Trennungen, Blamagen, Krankheit, Siechtum und Tod widerfahren, sondern auch an bestimmten «inneren Monologen», also Selbstgesprächen «im Kopf», die da lauten können: «das schaff ich sowieso nicht», «da bin ich eh zu dumm für», «mir geht ja doch alles daneben» usw. «Katastrophisierungen», die oft mit so genannten «Musturbationen» einhergehen und auf «absolutistische», keine Zwischentöne und Grauschattierungen, keine Nuancen anerkennende Denkstrukturen hinweisen.

Die etwas zweideutige Wortspielerei «Musturbation» (in Anlehnung an die Masturbation = Selbstbefriedigung) weist sehr schön auf den sprachlichen Gehalt dieser Denkmuster hin: Sätze mit Wörtern wie «muss», «darf nicht», «immer», «nie», «unbedingt», «furchtbar», «entsetzlich», «das halte ich nicht aus», «das überlebe ich nicht» u. Ä. deuten auf diese spezielle Form «geistiger Onanie» hin, mit ganz bestimmten emotionalen und verhaltensbezogenen Konsequenzen (C).

Diese Konsequenzen beinhalten niemals positive Gefühle und kein zuversichtliches Handeln. Ein weiteres Resultat dieser negativen Kognitionen ist die Herausbildung einer niedrigen Frustrationstoleranz. Der betreffende Mensch ist immer seltener in der Lage, gelegentlich auch weniger angenehme Erlebnisse zu ertragen und hin und wieder auch einfach «wegzustecken». Wie die «Prinzessin auf der Erbse», rubbelt er sich auch noch mit zehn Matratzen unter seinem Rücken an der Erbse wund, die sich unter seinem Lager befindet.

Wir können nicht jederzeit, an jedem Ort und immer

wenn uns danach ist, unsere (sexuellen) Bedürfnisse befriedigen, wir müssen ab und zu Geduld haben oder ganz auf die gewünschte Bedürfnisbefriedigung verzichten, ohne dass dies nun gleich eine «Katastrophe», «ganz schrecklich» und «nicht zum Aushalten» wäre. Wenn wir das nicht können, werden wir auch die entsprechenden – unangenehmen – Gefühle haben, und «alles wird noch viel schlimmer»!

Traditionen, überlieferte Normen und Werte, «wissenschaftliche» und weniger wissenschaftliche «Lehrmeinungen», haben mit dazu beigetragen – und tragen immer noch dazu bei –, dass bestimmte «Glaubenssätze» in unserer Psyche wirksam sind. Sie sind unter Umständen symbolhaft und verschlüsselt – und damit nicht immer unmittelbar zugänglich, können jedoch meistens recht schnell durch realitätsbezogene Informationen hinsichtlich ihres irrationalen und den Menschen unglücklich machenden Gehalts «entlarvt» werden.

Es drängt sich manchmal die Frage auf, wo denn die so medienwirksame angebliche «Sexuelle Revolution» der letzten dreißig Jahre geblieben ist, angesichts der immer noch weit verbreiteten Informationsdefizite und Kommunikationsbarrieren, die eine im guten Sinne «rationale» Beschäftigung mit Fragen nach Sexualität und Partnerschaft häufig immer noch erschweren oder gar unmöglich machen. Spektakuläre Fernsehsendungen sowie Briefkastentanten und -onkel können dieses Problem offensichtlich nicht lösen. Also bleibt es weiterhin, trotz erweiterter Informationsmöglichkeiten, Aufgabe des Einzelnen, seine spezifische Vorstellung von Liebe und Erotik zu entwerfen, und ihre «Kompatibilität» mit der Wirklichkeit – oft mit Hilfe von Versuch und Irrtum – zu überprüfen. Eine Hilfe dabei kann die konsequente Anwendung der Rationalen Selbstanalyse sein sowie die Bereitschaft, auch scheinbar «fest verankerte» (gesellschaftliche, individuelle) «Grundüberzeugungen» in Frage zu stellen.

Dabei kann es passieren, dass auch «Denkmäler» zu wanken beginnen, wie z. B. bestimmte Vorstellungen Sigmund Freuds, des Begründers der Psychoanalyse, die bis heute in den Köpfen vieler Menschen herumspuken, ohne dass sie möglicherweise wissen, wer ursprünglich für die Verbreitung dieser Ideen mitverantwortlich war.

### Wo ist der G-Punkt?

Nicht nur, dass das Rollenverständnis von Frau und Mann seit längerer Zeit einen Veränderungsprozess durchläuft, sondern auch belastende Überzeugungen über das, was «gelungene» Sexualität ausmacht, werden – glücklicherweise – allmählich überwunden und weichen realistischeren Konzepten.

Freuds Postulat vom «vaginalen Orgasmus» der Frau als dem «eigentlichen», «reifen» Orgasmus etwa, wird von wirklich allen Erkenntnissen der Medizin, der Physiologie, der Sexualwissenschaft und der Psychologie ad absurdum geführt. In zwei Dritteln der Scheide finden sich nur wenige Nervenenden, lediglich das äußere Drittel des Vaginalbereichs ist stärker enerviert und beim Entstehen der ringförmigen, so genannten Orgasmus-Plattform aufgrund der Konzentration sensorischer Nervenenden empfänglich für sexuelle Stimulationen. Bei intensiverem Nachdenken wird auch deutlich, warum «Mutter Natur» das so eingerichtet hat: Wäre die gesamte Vagina mit vielen empfindlichen Nervenenden ausgestattet, wäre die sowieso schon schmerzhafte Geburt buchstäblich unerträglich! Aber zu welchem Elend hat der Glaube an den «vaginalen Orgasmus» geführt! Generationen von Frauen hielten und halten sich für «frigide», weil sie beim «normalen» Geschlechtsverkehr ihren Höhepunkt nicht erreichten, da wird endlos gerammelt (pardon!) und gestoßen, die Partnerin mit der Frage beglückt, ob sie nun bald «komme», er zählt im Gedanken Schäfchen, um noch ein wenig länger zu «können», und macht sich insgeheim Sorgen um die Größe (Dicke, Länge) seines edelsten Körperteils, und dabei wäre alles ohne diese völlig wirklichkeitsfremde und im Grunde auch menschenfeindliche Überzeugung (der «reife vaginale Orgasmus») sehr viel «einfacher» und erheblich lustvoller! Das einzig wirkliche «Sexualorgan» der Frau ist die Klitoris, der «Kitzler»! Im Gegensatz zum Penis des Mannes ist die Klitoris nur und ausschließlich für «die Lust» zuständig, mit Zeugung und Geburt, also mit der Fortpflanzung des Menschengeschlechts, hat sie nichts zu tun! Und da sie sich an einem Punkt befindet – nämlich direkt unterhalb der Stelle, an der sich die inneren Schamlippen an ihren oberen Enden treffen –, der beim Einführen sowie Hinundherbewegen des männlichen Glieds nicht unbedingt und zwangsläufig besonders berührt oder stimuliert wird (oder werden muss!), liegt es «eigentlich» auf der Hand, dass andere Formen der sexuellen, klitoralen (!) Stimulation mindestens so nahe liegen und sich anbieten, wie die «übliche» Penetration (Penis in der Vagina). Streicheln, orale (mit dem Mund erfolgende) Stimulation, alle Berührungen, die «gut tun» (und nicht weh!) – der Phantasie sind keine Grenzen gesetzt –, bereichern das sexuelle Erleben mindestens so sehr (wenn nicht sogar mehr) wie der Koitus und machen gleichzeitig deutlich – hier die «Entlarvung» eines weiteren «Mythos» –, dass der «normale» Geschlechtsverkehr nicht der einzige und oft noch nicht mal der vielversprechendste Weg zur sexuellen Erfüllung darstellt.

Verabschieden Sie sich also bitte von der Vorstellung, nur der «normale» Geschlechtsverkehr sei das einzig Wahre, verabschieden Sie sich von der Idee, Sie seien frigide, nur weil Sie vielleicht bisher beim Geschlechtsverkehr nicht zum Höhepunkt kamen, verabschieden Sie sich von den Gedanken, die sich mit der («mangelnden») Größe Ihres Penis beschäftigen, verabschieden Sie sich von der vielleicht unterschwelligen Überzeugung, Sexualität sei ein Leistungssport und der Orgasmus eine auf jeden Fall zu erbringende und zu erreichende «Leistung» – und hören Sie endlich auf, nach dem «G-Punkt» zu suchen!

**KAPITEL 5**

# Phantasie und Wirklichkeit

Dass sich Phantasie und Wirklichkeit häufig durchdringen, z. B. bei Tagträumen, ist uns allen vertraut. Dass unsere Phantasien, Gedanken und Ideen uns die Wirklichkeit in einer bestimmten Art und Weise erleben und bewerten lassen, ist u. a. Thema dieses Buches. Und dass gerade bei der Sexualität Phantasien unmittelbar körperliche und psychische Konsequenzen haben, wissen wir ebenfalls aus eigener Erfahrung. Ob Sie sexuell erregt werden, hat genauso viel mit Ihren Phantasien zu tun wie möglicherweise Ihre mit Sexualität verbundenen Hemmungen, Ängste und Schuldgefühle.

Ohne sexuelle Phantasien gibt es jedenfalls keine sexuelle Erregung!

Wer allerdings glaubt, unbedingt mit seiner Partnerin oder seinem Partner jedesmal auch noch einen gemeinsamen Orgasmus («gemeinsamer Orgasmuss») erleben zu müssen – so wie es in zahlreichen Romanen beschrieben wird, in der die Heldin und der Held von mehreren gemeinsamen Orgasmen geschüttelt, schweißnass und gezeichnet für den Rest ihres Lebens, morgens das zerwühlte Bett verlassen –, wird sich und die Partnerin oder den Partner wahrscheinlich so stark unter Leistungsdruck setzen, dass vor lauter Verkrampfung und Anspannung genau das Gegenteil des erwünschten

Erlebnisses eintreten wird. Dann bezichtigen sich beide der «Impotenz» und der «Frigidität», gefährden ihre Beziehung und kommen schon gar nicht dazu, das Irrationale dieser Konzepte vom «gemeinsamen Orgasmus», von «Impotenz» und von «Frigidität» zu durchschauen und – vielleicht mit Hilfe einer «Rationalen Selbstanalyse» (s. Seite 48) – wirklichkeitsnah zu verändern.

Sofern keine körperlichen Ursachen vorliegen, was medizinisch abzuklären wäre, sind «Impotenz» und «Frigidität» häufig Fehlinterpretationen und Fehlentwicklungen, die ihren Ausgang genommen haben von Bewertungen und Einschätzungen, die nicht immer viel mit der Realität zu tun haben.

Gleiches gilt für den «gemeinsamen Orgasmus», der sich zwar mal zufällig einstellen kann, der aber weder ein «Muss» bedeutet, noch unbedingt das Glücksversprechen einhält, als das er in zahllosen Schmökern dargestellt wird. Genau genommen verhindert er ja auch ein lustvolles «erst du, dann ich», indem er mich den Orgasmus der/des anderen gar nicht genau wahrnehmen lässt, und mich damit eines schönen und meist doch sehr stimulierenden Erlebnisses beraubt. Auch hier werden u. a. wieder gesellschaftlich vermittelte Normen und Werte deutlich, die mit Vorstellungen wie den unbedingt zu erreichenden «gemeinsamen Orgasmen» und den Urteilen zu «Impotenz» und «Frigidität» sehr viel Unheil in den Köpfen und Herzen der Menschen anrichten.

Oder nehmen Sie einen Begriff wie den der «Nymphomanie», der eine ähnlich frauenfeindliche Komponente besitzt wie der der «Frigidität». Werden mit Letzterem oft Frauen belegt, die nicht «auf Kommando» den männlichen Wünschen und Erwartungen entsprechen, werden «nymphoman» die Frauen genannt, die ihren sexuellen Bedürfnissen folgen und sich möglicherweise «bürgerlichen» Moralvorstellungen verweigern. Die Doppelmoral dieser patriarchalisch geprägten, gesellschaftlichen Ächtung liegt nicht zuletzt in der Unterschiedlichkeit der Bewertung weiblichen und männlichen Verhaltens. Wenn zwei dasselbe tun, ist es auch heute noch nicht das Gleiche. Wenn ein Mann häufig seine Freundinnen wechselt, gilt er möglicherweise als «toller Hecht», eine Frau jedoch als «nymphoman». Ich möchte Ihnen mit diesen Beispielen deutlich machen, wie eng kulturelle und individuelle Normen miteinander verzahnt sind, wie sehr sie unser Denken und unsere Phantasien beeinflussen und wie wichtig es sein kann, bei unerwünschten Gefühlen und Verhaltensweisen (unsere «C») ihre Wirklichkeitsnähe zu überprüfen.

Ohne sexuelle Phantasien keine sexuelle Erregung – und letztlich auch kein sexuelles Verhalten. Deshalb lohnt ein genauer Blick auf die (sexuellen) Phantasien. Dabei ist es zuerst einmal wichtig, zwischen Phantasien und Wünschen zu unterscheiden.

Während Wünsche so gut wie immer nach ihrer Verwirklichung drängen, ist dies bei Phantasien nicht unbedingt der Fall!

Nicht jede sexuelle Phantasie will ausgelebt werden! Sie reicht häufig als sexuelle Stimulanz, und dies ist oft auch ihre einzige Funktion! Schon gar nicht weisen sexuelle Phantasien sozusagen automatisch auf unerfüllte Bedürfnisse und sexuelle Frustrationen hin!

Auch wenn bei den weiblichen Phantasien, im Gegensatz zu den etwas aggressiveren der Männer, der romantisch-leidenschaftliche Moment eine bedeutende Rolle spielt, haben alle wissenschaftlichen Untersuchungen und auch die eher journalistischen Arbeiten, etwa die von Nancy Friday, gezeigt, dass sich die Phantasien beider Geschlechter an «Deftigkeit» in nichts nachstehen und auch Frauen nicht nur «Kuschelsex» im Sinn haben. Alles in allem ist die Ähnlichkeit der phantasierten Inhalte größer als ihre Verschiedenheit. Unterschiede bestehen vor allen Dingen darin, dass Männer in ihren Phantasien eine attraktive Frau «erobern» und «besitzen» wollen, der nackte Frauenkörper an sich schon ein hohes Erregungspotential für den phantasierenden Mann besitzt, wohingegen für Frauen sehr viel weniger das gedankliche Betrachten eines Männerkörpers von Bedeutung ist als die Vorstellung der eigenen Attraktivität, der eigenen Unwiderstehlichkeit, des Begehrt-Werdens. Wo Frauen von Begehrt-Werden phantasieren, da träumen Männer vom Begehren. Es ist bestimmt lohnend, sich auch im nächsten Kapitel noch etwas ausführlicher mit diesem so wichtigen Bestandteil menschlicher Sexualität zu beschäftigen.

## KAPITEL 6

## Por No? – Das Filmstudio im Hinterkopf

Natürlich ist das schon erwähnte Hollywood-Studio nicht nur mit der Produktion von Katastrophenfilmen beschäftigt (hoffentlich!), sondern stellt (insgeheim) auch Filme mit ganz anderen Inhalten her. Ob wir es wahrhaben wollen oder nicht – und bei allem Verständnis für Anti-Pornographie-Kampagnen –, die seit Jahrzehnten in immer größerem Umfang über uns hereinbrechende Bilderflut, auch und gerade mit erotisch-sexuellen Motiven, hatte und hat nicht nur bei den heute jungen Menschen Einstellungen, Erwartungshaltungen und «Bilder im Kopf» erzeugt, die maßgeblich unser sexuelles Erleben mitbestimmen.

Insbesondere männliche Phantasien sind stark von erotischen, pornographieähnlichen oder pornographischen Materialien beeinflusst, und zwar nicht nur eher unbeabsichtigt, sondern durch entsprechenden Konsum auch aktiv herbeigeführt. Gerade bei jungen Menschen sollte dieser Einfluss auf Phantasie und sexuelle Bedürfnisstruktur nicht unterschätzt werden, die Übereinstimmung pornographischer Sujets und (männlicher) sexueller Phantasien beruht nicht zuletzt auf einer Wechselwirkung zwischen Kognition, Erwartung, Produktion so genannter «Erotika», deren Konsum und dadurch wiederum ausgelösten «Träumen», Wünschen und Bedürfnissen. Aber auch Frauen unterliegen dem

Einfluss diverser Medien, die erotische bzw. sexuelle Inhalte transportieren, auch wenn sie nicht zum Großteil der Konsumenten von «hard-core»-Pornographie gehören.

Um nicht missverstanden zu werden: Selbstverständlich sind die erwähnten Medienerzeugnisse nicht die einzige und schon gar nicht die wichtigste Quelle sexueller Phantasien. Glücklicherweise sind die meisten Menschen durchaus phantasiebegabt und auf sexuellem Gebiet – wenn nicht allzu viele Hemmungen vorhanden sind – durchaus einfallsreich und «kreativ». Und selbstverständlich ist ein Mensch, der (vielleicht nur vorübergehend) nicht in einer (festen) Partnerschaft lebt, möglicherweise mehr auf seine Phantasien (und auf Selbstbefriedigung) angewiesen als in Partnerschaft lebende Menschen. Aber auch für Letztere gilt das, was ich schon auf Seite 57 ausführte und gern noch einmal wiederhole: Phantasien und (frustrierte) Wünsche sind nicht unbedingt identisch und nicht jede Phantasie muss verwirklicht werden! Dass alle «Wünsche» und Phantasien wahr werden müssen, ist eine «Mussturbation» par excellence und so wirklichkeitsfern wie ein Schloss auf dem Mond! Und auch dies noch einmal zur Erinnerung: Viele Phantasien, wenn nicht sogar die meisten, genügen sich sozusagen selbst, dienen als Stimulans – und nichts weiter!

### «Privatterritorien»

Nun zu einer Frage, die Ihnen vielleicht beim Lesen der vorherigen Zeilen durch den Kopf gegangen ist: Soll man der Partnerin oder dem Partner von den eigenen Sexualphantasien erzählen? Die unbefriedigende Antwort darauf lautet: Das kommt darauf an. Auf was es ankommt, was dabei eine Rolle spielen kann, soll uns nun beschäftigen: Natürlich kann der gegenseitige Austausch sexueller Phantasien und

Wünsche zu einer Intensivierung der erotischen Erfahrung führen, wenn beide darauf eingestellt sind und sie dies als Bereicherung ihres eigenen Phantasierepertoires wahrnehmen. Das muss aber nicht quasi automatisch so sein, und sich gegenseitig die Verpflichtung aufzuerlegen, dem / der anderen alle inneren Bilder sexuellen Inhalts mitzuteilen, kann ausgesprochen repressiv wirken und eher eine Aufforderung zur Unehrlichkeit bedeuten.

Untersuchungen der Forscher Davidson und Hoffmann von 1986 haben nämlich gezeigt, das beispielsweise etliche Frauen eher befürchten, bei Bekanntwerden ihrer sexuellen Phantasien könnte ihr Partner möglicherweise in seinem Selbstwertgefühl beeinträchtigt werden, er könnte sich verletzt und unzulänglich fühlen oder würde eifersüchtig werden. Es dürfte wahrscheinlich so sein, dass es für die jeweilige Partnerin oder für den jeweiligen Partner sehr schwer sein kann, mit bestimmten Phantasien der / des anderen umzugehen, sie «richtig» einzuordnen und ihnen nicht ein Gewicht beizumessen, das in keinem Verhältnis zur wirklichen Bedeutung für die Partnerin / den Partner steht. Konflikte können hier programmiert sein, deren einzige Ursache eine unangemessene Bewertung («Bs») der jeweiligen Phantasieprodukte ist, zumal in einem solchen Konflikt sehr wahrscheinlich Phantasien und Wünsche in einen Topf geworfen werden.

Darüber hinaus kann in diesem Zusammenhang die Empfängerin oder der Empfänger der Phantasien der / des anderen auch sich selbst unter einen erheblichen Leistungsdruck setzen in dem Bestreben, die vermeintlichen Bedürfnisse der Partnerin / des Partners nun unbedingt zu befriedigen – selbst unter Preisgabe eigener Wünsche. Kränkungen des Selbstwertgefühls, Zweifel an der eigenen (sexuellen, erotischen) Attraktivität und Eifersucht können die Folge sein, und so plädierten 1985 berühmte Sexualforscher, wie Masters und andere, dafür, dass es auch in einer Intimbeziehung «innerpsychische» Bereiche geben darf («Geheimnisse»), die dem/der anderen nicht immer und nicht jedes Mal unter die Nase gerieben werden müssen. Aus diesen Überlegungen lässt sich folgender Schluss ziehen:

Phantasien sind «Privatterritorien»! Stecken Sie wie ein Goldgräber Ihren Claim ab, rammen Sie Pflöcke in den Boden und verteidigen Sie Ihre Phantasien als Ihnen absolut allein gehörendes «superprivates» Territorium! Phantasien sind oft «intimer» als das sexuelle Verhalten selbst! Andernfalls kann (nicht muss) etwas passieren, worüber viele Paare berichten, die sich an obige Grenzziehung nicht gehalten haben: In dem Moment, wo ich der/dem anderen meine Phantasien mitgeteilt hatte, waren sie für mich von Stund an auf einmal weitaus weniger erregend als vor diesem «Geständnis». Gleiches gilt für die tatsächliche Umsetzung sexueller Phantasien in die Wirklichkeit: Sowohl die Wirklichkeit als auch die Phantasien verlieren u. U. erheblich an stimulierender Kraft, das ganze Unternehmen entpuppt sich nicht selten als ausgesprochen enttäuschend. Viele Phantasien, z. B. sadomasochistische Praktiken oder die Teilnahme an einer Massenorgie, wollen von den Phantasierenden überhaupt nicht in die Realität übertragen werden.

Frauen, die vielleicht sogar eine Vergewaltigung imaginierten, würden es in aller Regel weit von sich weisen, wirklich Opfer dieses Gewaltverbrechens werden zu wollen – tatsächlich genießen sie aller Wahrscheinlichkeit nach in ihrer Phantasiewelt auch nicht die Gewaltanwendung, sondern die Vorstellung des absoluten Begehrt-Werdens, so weit, dass der «Traummann» sogar die Beherrschung über sich verliert. Und wenn ein Mann mal – die Betonung liegt auf «mal» – auch während des Geschlechtsverkehrs mit seiner Frau an die schöne Nachbarin denkt, oder sie an den toll aussehenden Nachbarn, so ist dies kein Verbrechen, kein «im Geiste fremdgehen», genauso wenig wie die Pornohefte in Vaters Schreibtischschublade, über die sich Mutter nicht unbedingt zu freuen braucht, die aber keine – erhebliche – Katastrophe («Katastrophisierung») darstellen, denn – nochmal – Phantasien sind «Privatterritorium»!

Selbstverständlich besteht ein befriedigendes Geschlechtsleben nicht zuletzt aus der Fähigkeit beider Partner, über ihre Wünsche, Bedürfnisse, aber auch über ihre Ängste und Abneigungen zu reden, eine gemeinsame Sprache für diesen Bereich zu finden und die häufige Ungleichzeitigkeit des Auftauchens sexueller Strebungen «abzugleichen». Die nicht kommunizierten Phantasien beziehen sich sicherlich in den meisten Fällen auf eher «exotische» Praktiken, dennoch sollte man den «ernüchternden» Effekt laut oder sogar realistisch gewordener Phantasien nicht unterschätzen.

Aus all dem folgt, dass wir über ein sexuelles Phantasiereich verfügen, dessen Realitätsgehalt nicht in der Widerspiegelung der tatsächlichen Wirklichkeit besteht, sondern in unserer Fähigkeit, die Funktionen sexueller Phantasien richtig einzuschätzen und sie – auch bei der Partnerin, auch beim Partner – als Notwendigkeit und als Quelle der Bereicherung sexuellen Erlebens zu akzeptieren.

# KAPITEL 7

## Männer wollen immer nur dasselbe – oder die Sache mit dem «Stehvermögen»

Vielleicht ist es ja wirklich so, dass Männer etwas häufiger und intensiver an Sex denken als Frauen, dass sie aber immer nur dasselbe, nämlich Sex pur, wollen, ist eine genauso törichte Behauptung wie die, alle Frauen seien bei ihrer Partnerwahl nur an gutem Aussehen, Geld und gehobenem beruflichen Status des Erwählten interessiert – und wollten letztlich nur geheiratet und damit materiell versorgt werden.

Solche Vorurteile, die oft besonders deutlich angesichts des sich immer noch im Wandel befindlichen Rollenverständnisses von Mann und Frau geäußert werden, gehören in die große Rubrik irrationaler «B» (Bewertungen), die nicht selten zu höchst überflüssigen Konflikten führen. Für eine realistische Betrachtungsweise würde es schon ausreichen, nach dem «E» unserer «Rationalen Selbstanalyse» zu fragen, also danach, was ich fühle und wie ich mich verhalten möchte. Beobachten wir also unser Verhalten und das anderer Menschen, schließen ganz vorsichtig Rückschlüsse auf möglicherweise vorhandene Gefühle und fragen danach, was uns, was Sie, von einem befriedigenden (Geschlechts-)Leben abhält. Denn – um nochmal auf die Männer zurückzukommen – die angebliche «Tatsache», dass sie immer «wollen» ist das eine, mindestens so interessant und so schwerwiegend ist die Frage, ob sie auch immer «können» (müssen!). Dass dies offenbar häufig nicht so ist, zeigt die gerade begonnene Diskussion um «potenzsteigernde» Mittel wie das Medikament Viagra. Für unseren Zusammenhang nicht uninteressant sind die sprachlichen Bezeichnungen, die in diesem Kontext benutzt werden. «Potenz» heißt, wortwörtlich aus dem Lateinischen übersetzt, «Macht», das Wort «Impotenz» bedeutet also «Ohnmacht». Als wenn die Vergrößerung des Volumens der Penisschwellkörper aufgrund stärkerer Durchblutung irgendetwas mit «Macht» zu tun haben könnte und das Ausbleiben dieser Durchblutung mit «Ohnmacht». Allein bei der Benutzung dieser Begriffe wird deutlich, dass deren Gebrauch – auch und gerade in Form «innerer Monologe», aber selbstverständlich ebenfalls als Vorwurf durch die Partnerin («Schlappschwanz», «Versager») – zu erheblichen Selbstabwertungen, Beschädigungen des Selbstwertgefühls, Selbstzweifeln, Beziehungskonflikten und depressiven Verstimmungen führen kann. Also auch hier bewirken (sprachlich formulierte, bestimmte Begriffe benutzende) Gedanken ganz bestimmte, höchst unangenehme und selbst schädigende Gefühle, deren die Person abwertende, sie be- und verurteilende Assoziationen (Gedankenverbindungen) schon durch eine Veränderung des Vokabulars zumindest abgeschwächt werden könnten.

Ich schlage deshalb die Bezeichnung «Errektionsschwäche» vor, von mir aus soll auch der eher medizinische Begriff der «Erektilen Dysfunktion» Verbreitung finden, alles ist besser als diese unsägliche «Potenz-Impotenz», also «Macht-Ohnmacht»-Verknüpfung. Gleiches gilt für den diskriminierenden Begriff der «Frigidität», d. h. der (Gefühls-)Kälte bei Frauen, dessen abwertende Absicht vielleicht noch größer als bei dem Verdikt der «Impotenz» ist. Orgasmusschwierigkeiten, ausbleibender Orgasmus (Anorgasmie), Schmerzen beim Geschlechtsverkehr (Dyspareunie) vielleicht aufgrund mangelnder oder fehlender Scheidensekretion (Lubriktion), damit zusammenhängend eventuell Scheidenkrämpfe (Vaginismus), all dies wird vor dem Hintergrund unterschiedlichster Probleme und Ursachen als «Material» benutzt, um Abwertungen der eigenen oder der anderen Person besonders schmerzhaft zu gestalten – genau an dem Punkt tut's besonders weh.

Sie merken auch hier, liebe Leserin, lieber Leser, wie eindrucksvoll Sprache, Denken in bestimmten Begriffen die Verbindung zu ganz speziellen Gefühlen – unerwünschten in diesem Fall – herzustellen vermögen. Umso wichtiger ist es, durch eine Veränderung der jeweiligen Begrifflichkeit – nicht zuletzt durch das Mittel der «Disputation» («D») – eine gedankliche (kognitive) Umstrukturierung herbeizuführen und damit dem Ziel erwünschter Gefühle und erwünschter Verhaltensweisen (E, siehe auch Seite 48) näher zu kommen.

Aber bleiben wir erst einmal bei der erektilen Dysfunktion, bei der Erektionsschwäche: Der Penis (das männliche Glied) wird nicht steif (genug) oder verliert seine Steife wieder zu schnell. Nach neueren Untersuchungen liegen sehr häufig körperliche Ursachen vor. Dies sollte man(n) von einem Arzt (von einem Urologen) abklären lassen. Die Heilungsaussichten einer körperlich bedingten erektilen Dysfunktion sind durchaus günstig. Eine kleine «Vorabüberprüfung» kann man(n) auch selbst schon vornehmen: Besteht meine Erektionsschwäche auch bei der Selbstbefriedigung (Onanie, Masturbation)? Ist dies nicht der Fall, spricht einiges auch für psychische Gründe meines Problems. Die Beantwortung einer weiteren Frage kann auch sehr hilfreich sein: Habe ich – gelegentlich – (immer noch) eine morgendliche Erektion? Das Entstehen der morgendlichen Erektion hat mit der Produktion eines Hormons, des Testosterons, zu tun – und nichts mit einer vollen Blase, denn dann müssten ja alle Männer auch tagsüber bei einer vollen Blase erigieren. Diese Testosteronproduktion findet – bei halbwegs ungestörtem Wach-Schlaf-Rhythmus – in den frühen Morgenstunden statt und führt hin und wieder zur erwähnten Gliedsteife. Haben Sie seit längerer Zeit keine dieser morgendlichen Erektionen erlebt, so könnte dies auf eine körperliche Ursache für Ihre erektile Dysfunktion hinweisen. Abgesehen von körperlichen Ursachen drängt sich mir, nicht zuletzt aufgrund meiner therapeutischen Erfahrungen, der Eindruck auf, dass bei manchen Männern noch höchst weltfremde Vorstellungen über das, was «Manneskraft» ausmacht, vorherrschen. Oft helfen schon eher schlichte Informationen, um diese Männer von ihren irrealen Vorstellungen zu befreien. Einer meiner jüngeren Klienten verließ schon nach einer Sitzung «getröstet» die Praxis, nachdem ihm klargemacht werden konnte, dass es völlig normal ist, vor lauter Aufregung, beim ersten Mal mit einer neuen Freundin und / oder womöglich noch nach einigen kühlen Bierchen mal keine, eine schwache oder schnell wieder zurückgehende Erektion zu haben. Es half ihm sehr, ein Bewusstsein darüber erworben zu haben, dass «Männlichkeit» nicht bedeutet, vierundzwanzig Stunden pro Tag mit einer Dauererektion durch die Geographie zu stapfen, sondern dass es sich auch bei Männern nicht um Sexualroboter oder Sexakrobaten handelt, die sozusagen auf Knopfdruck oder auf Kommando sofort sexuell «funktionieren». Unsere hoch sensible sexuelle Erlebnisfähigkeit unterliegt genauso – gelegentlich heftigen – Schwankungen wie andere psychische und körperliche Empfindungen und «Funktionsbereiche» auch. Geduld und Verständnis der jeweiligen Partnerin oder des jeweiligen Partners vorausgesetzt – noch wichtiger ist es, nicht selbst über die eigene, vermeintliche «Unfähigkeit» den Stab zu brechen! Es ist eben keine «Katastrophe», wenn mal eine gewünschte Erektion ausbleibt – es werden sich noch genügend Gelegenheiten ergeben, wo das nicht der Fall sein wird, abgesehen davon, dass es jenseits der (fehlenden) Gliedsteife noch genug andere Möglichkeiten gibt, zärtlich und lustvoll (streicheln, oral usw.) miteinander umzugehen.

### Monitoring

Der «normale» Geschlechtsverkehr, der Koitus, ist nicht die einzige Möglichkeit (und häufig noch nicht einmal die «erfolgversprechendste»), befriedigenden Sex zu erleben! Ein weiteres selbst schädigendes Verhalten ist die verschärfte Selbstbeobachtung. Amerikanische Wissenschaftler haben dafür die treffende Bezeichnung «Monitoring» gefunden, womit ja nichts anderes gemeint ist als ein gedankliches «Neben-sich-Stehen-und-sich-Kontrollieren». Die mit diesem Verhalten verbundene (negative) Erwartungshaltung wird auf dem Wege der sich selbst erfüllenden Vorhersage genau zu dem befürchteten Ergebnis, nämlich der ausbleibenden Erektion, führen. Dies lässt sich auch relativ leicht nachvollziehen, wenn wir uns noch einmal vergegenwärtigen, dass lustvolle sexuelle Gedanken und Phantasien zu sexueller Erregung führen und nicht ein «Kontrollverhalten», welches mich auch mental zu einem «Monitor» macht, der alles Mögliche registriert, nur eben keine lustvollen Gedanken aufkommen lässt. Wenn ich darauf lauere, dass ich endlich eine Erektion bekomme («Hoffentlich steht er bald!», «Na, nun mach schon endlich!», «Ja, jetzt, noch ein bisschen, Scheibenkleister, doch nicht!»), kann ich eigentlich genauso gut einen Apfel essen, das berühmte «gute Buch» lesen oder kalt duschen. «Mussturbationen» führen eben meistens zu nichts anderem als zu Frustrationen («niedrige Frustrationstoleranz»), und diese werden dann zu «Katastrophen» hochstilisiert.

Und weil (das Denken an) «Katastrophen» Angst machen, Angst vor dem «Versagen», Angst vor «Lustverlust», Angst vor dem Verlassenwerden u. Ä., werde ich mich in die nächste sexuelle Situation umso angespannter und verkrampfter hineinbegeben – Ergebnis siehe oben. Ein Teufelskreis nimmt seinen Anfang, dessen spiralförmiger Verlauf sich immer weiter nach unten schraubt, zumal gehäufte «Misserfolgserlebnisse» auch nicht gerade zu größerer Fröhlichkeit verhelfen. Und dass Traurigkeit und depressive Verstimmungen – gemeinsam mit Ängsten vor zukünftigen «peinlichen» und «blamablen» Situationen und Ängsten, mein Selbstwertgefühl könnte dauernden Schaden erleiden – nicht gerade sexuell stimulierend wirken, braucht wohl jetzt nicht mehr näher begründet zu werden.

Eine erste, vorläufige RSA (Rationale Selbstanalyse) zu dieser Problematik könnte etwa folgendermaßen aussehen:

A) auslösendes Ereignis, «Kamera-Check» o. k.

Meine Freundin und ich
wollen miteinander schlafen,
ich bekomme aber keine Erektion

B) Bewertungen (Gedanken usw.)

1. «Ich bin ein Versager!»
2. «Ich bin kein richtiger Mann!»
3. «So was wird mir jetzt immer passieren!»

4. «Ich muss doch einen hochkriegen!»
5. «Meine Freundin wird mich bestimmt verlassen, wenn ich sie nicht befriedige!»

C) Konsequenzen (Gefühle, Verhalten)

1. Ärger, Wut, Angst
2. Rückzug aus der Situation
(Entschuldigung stammeln, ankleiden, weggehen)

D) Disputation der Bewertungen (einschließlich erster Versuche, rationale Alternativen zu entwickeln)

zu B1: «Natürlich bin ich kein ‹Versager›, nur weil ich im Moment keine Erektion bekomme. Viele Dinge gelingen mir und sind schön für mich. Ich bin ein liebenswerter Mensch, auch wenn ich nicht ‹vollkommen› bin und nicht auf Anhieb ‹funktioniere›.»

zu B2: «Natürlich bin ich ein ‹richtiger Mann›. Jenseits der biologischen Tatsache ist dies vor allen Dingen ein historisch und gesellschaftlich vermittelter Rollenbegriff. Abgesehen davon definiert sich ‹Mannsein› über mehr als nur über einen steifen Penis.»

zu B3: «Weil ich kein Hellseher bin, weiß ich nicht, was die Zukunft bringen wird, und wenn ich mit mir selbst nicht so ungeduldig bin, spricht nichts dagegen, dass ich wieder eine Erektion bekomme, zumal ich körperlich gesund bin.»

zu B4: «Es wäre zwar schön, wenn ich ein steifes Glied bekäme, aber es ‹muss› nicht unbedingt passieren – und wenn es nicht passiert, ist dies auch keine ‹Katastrophe›.»

zu B5: «Und weil nichts dafür spricht, dass meine Freundin dies als ‹Katastrophe› erlebt, sie mich bestimmt nicht nur wegen meines Penis mag (wenn das wirklich so wäre, könnte ich gut auf die Beziehung verzichten), es auch noch anderes gibt, womit wir sexuell gut zueinander sein können, gibt es keinen Hinweis darauf, dass sie mich verlassen wird. Abgesehen davon steht auch nirgendwo geschrieben, dass es immer oder gar beim ersten Mal unbedingt ‹großartig› sein muss.» Wenn ich die vier Kriterien von Seite 46 heranziehe, stelle ich fest, dass meine Bewertungen

1. wenig bis gar nichts mit der objektiven Wirklichkeit zu tun haben,
2. mir überhaupt nicht dabei helfen, das zu erreichen, was ich gern erreichen möchte (z. B. eine befriedigende Sexualität),
3. unerwünschte, quälende Gefühle erst richtig erzeugen,
4. genauso wie Konflikte erst durch mein entsprechendes Verhalten (C 2) entstehen.

E) erwünschte Gefühle, erwünschtes Verhalten

1. Gelassenheit, Selbstvertrauen
2. die Situation genießen, mir / uns Zeit lassen, die Beziehung zu meiner Freundin kultivieren

**Miteinander reden!**

Genau genommen könnte über jedes Gefühl (C 1) eine eigene RSA angefertigt werden, da die Gedanken und Gefühle häufig an verschiedenen «Stationen» des Ereignisses auftauchen. Zum Beispiel kann der Gedanke «ich muss doch einen hochkriegen» am Anfang des Ereignisses stehen und mit dem Gefühl «Ärger» verbunden sein, während der Gedanke, verlassen zu werden, möglicherweise eher am Ende des Ereignisses produziert wird und für das Gefühl «Angst» verantwortlich ist.

Darüber hinaus gilt, was auch für alle anderen Bereiche des Zusammenlebens unverzichtbar ist: Sprechen Sie miteinander! Das heißt nicht, alles zerreden zu müssen, aber eine Partnerschaft gelingt vor allem deshalb, weil beide Beteiligten offen über ihre Vorstellungen, Bedürfnisse, Probleme und Ängste reden können, in der Gewissheit, vom anderen akzeptiert, angenommen und geliebt zu werden. Dann haben Sie es auch nicht mehr nötig, Ihr Selbstwertgefühl vom Erfüllen sexueller Perfektionsansprüche abhängig zu machen.

### Im sexuellen Schlaraffenland

Die Feststellung, dass sexuelle Erregung in erster Linie durch entsprechende Phantasien ausgelöst wird, hat weit reichende Konsequenzen. Sie können tatsächlich Ihre sexuelle Erregung zu einem großen Teil durch Phantasien herbeiführen und steigern. Machen Sie sich also «heiße Gedanken», stellen Sie sich vor, was Sie gern mit Ihrer Partnerin zusammen tun würden, begeben Sie sich in Ihr ganz privates Territorium, in Ihr erotisches Paradies, in Ihr sexuelles Schlaraffenland! Und wenn Ihnen dabei erotische Literatur, Magazine, Filme oder Fotos zusätzlich «einheizen» können, genießen Sie es! Das Einzige, wovor Sie sich bewahren sollten, ist irgendeine Form von Leistungsdruck! Sexuelle Erregung und Leistungsdruck schließen einander aus!

Wenn Sie aber den Eindruck haben, dass Ihre Erektionsschwäche auf «tiefer liegende» psychische Ursachen zurückzuführen ist, wenn Konflikte bestehen, die Sie allein nicht mehr lösen können, sollten Sie therapeutische Hilfe suchen. Ein(e) kompetente(r) Psychotherapeut(in) bzw. Sexualtherapeut(in) wird gemeinsam mit Ihnen darauf hinarbeiten, nicht nur die Ursachen für Ihre Schwierigkeiten herauszufinden, sondern auch Lösungswege mit Ihnen entwickeln, damit Sie Probleme selbst «in den Griff» bekommen.

Dabei kann es sehr gut sein, dass man Ihnen zusätzlich eher körperbezogene Übungen empfiehlt, die auch in verschiedenen Selbsthilfebüchern beschrieben werden (siehe Anhang) und die Sie auch unabhängig von einer Therapie durchführen können.

Von der Aktivierung Ihrer sexuellen Phantasie habe ich schon gesprochen. Damit stellt sich vielleicht eine Erektion ein, beim eigentlichen Geschlechtsverkehr werden Sie jedoch wieder unsicher, beobachten sich selbst («Monitoring»), möchten am liebsten «alles» kontrollieren und – «schlaffen ab». Um diesen «Automatismus» zu unterbrechen, kann es ausgesprochen sinnvoll sein – in Absprache mit Ihrer Partnerin –, für eine gewisse Zeit auf den Koitus zu verzichten. Dies bedeutet nicht, keine Sexualität mehr zu praktizieren, sondern Sie werden sich gemeinsam auf eine Entdeckungsreise begeben und eine Menge Möglichkeiten (wieder) entdecken, wie befriedigend Sexualität auch sonst noch sein kann. Aus therapeutischer Erfahrung ist bekannt, wie befreiend dieser Vorschlag auf viele Männer mit Erektionsschwäche wirkt: Endlich ist der Leistungsdruck weg, endlich muss ich keine Erektion mehr bekommen!! Selbst bei einer Erektion während des Liebesspiels sollten Sie vorerst weiterhin auf den Koitus verzichten, bis Sie sich ganz sicher sind, dass Sie entspannt und ohne Perfektionsansprüche den Sex genießen können. Wenn Sie zur Zeit allein sind, also weder in einer festen, noch in einer lockeren Partnerschaft leben, sind Masturbationsübungen das geeignetste Mittel für Sie, wieder Erektionen zu bekommen.

**Üben!**

Nehmen Sie Ihre Lieblingsphantasie (möglicherweise «medienunterstützt») und stimulieren Sie sich selbst auf bestmögliche Art, ohne unbedingt einen steifen Penis bekommen zu müssen. Wenn Sie dann doch eine Erektion bekommen, lassen Sie sie einfach «stehen», achten auf Ihre Empfindungen und warten darauf, dass die Gliedsteife wieder nachlässt. Diese Übung können Sie mehrmals hintereinander wiederholen: Stimulation des unerigierten Penis, Erektion, Beendigung der Stimulation, Abklingenlassen der Erektion, erneute Stimulation. Versuchen Sie aber auf keinen Fall, einen steifen Penis zu erzwingen! Wenn es bei der Wiederholung nicht klappt, machen Sie zu einem anderen Zeitpunkt weiter. Praktizieren Sie dies mit etwa einem Tag Unterbrechung dazwischen, bis Stimulation und Erektion sich einigermaßen in Übereinstimmung befinden.

Selbstverständlich lässt sich dieses Prinzip auch auf Partnerschaftsübungen übertragen. Ob beispielsweise Ihre Partnerin Ihr nicht steifes Glied zärtlich berührt, ob sie es intensiver streichelt, ob sie diese Stimulation nun mit dem Mund vornimmt, Sie möglicherweise sogar mit einer Erektion reagieren – es geht bei diesen Übungen darum, wiederholt die Abfolge von Stimulation des unerigierten Penis, Erektion, Beendigung der Stimulation, Abklingen der Erektion und erneuter Stimulation zu erleben. Wenn Ihre Partnerin bis hierhin verständnis- und liebevoll mitgemacht hat, dann ist sie vielleicht auch dazu bereit, diesen Rhythmus mit Ihnen zu üben, wenn der Penis in die Vagina eingeführt ist. Auch hier geht es um Erregung, nicht um Erektion!

Wenn Sie Ihren Höhepunkt vielleicht doch erleben möchten und Ihre Partnerin nichts dagegen hat – o. k., nur werden Sie bitte jetzt nicht «hektisch», sondern bleiben Sie so entspannt wie möglich und lassen Sie «es» einfach geschehen. Ob Sie Ihre Erektion behalten oder ob sie wieder zurückgeht, ist völlig nebensächlich; wichtig ist, dass Sie sich wohl fühlen und durch Phantasie und körperliche Stimulation Erregung verspüren.

Wohlgemerkt, genaue verhaltenstherapeutische Trainings mit psychotherapeutischer Anleitung und Begleitung, unter Umständen mit Unterstützung entsprechender, erklärender Literatur, können angezeigt sein, wenn anders – wie besprochen – kein Fortschritt erzielt werden kann.

Dies gilt auch für eine Problematik, unter der ebenfalls manche Männer leiden und die mit ähnlichen Übungsprogrammen gelöst wird: den vorzeitigen Samenerguss (ejaculatio praecox). Auch hier spielt oft eine gedankliche Überdramatisierung eine große Rolle, die die frühe Ejakulation aufgrund großer sexueller Erregung sofort zu einem «Krankheitssymptom» erklärt.

Wenn körperliche Ursachen ausgeschlossen werden können, ergeben sich in der Therapie gelegentlich Hinweise darauf, dass der Klient in seiner Pubertät nicht nur aus seiner sexuellen Erregung heraus masturbierte, sondern auch andere, primär seelische Spannungszustände und Stress durch Masturbation zu kompensieren suchte. Die schnelle «Verfügbarkeit» der sexuellen Befriedigung auch durch kompensatorisch motivierte Masturbation kann hin und wieder dazu führen, dass Probleme bei der Partnersuche entstehen, da keine ausreichende kognitive, also gedankliche, Auseinandersetzung mit Sexualreizen erfolgte.

Hier gilt, was für unterschiedslos alle sexuellen Verhaltensweisen gilt: In dem Moment, wo sie ausschließlich praktiziert werden, kann von Risikoverhalten gesprochen werden. Risiko meint hier die Verengung des sexuellen Verhaltens auf wenige oder sogar nur eine Handlungsmöglichkeit und damit natürlich auch die Fixierung auf diese Verhaltensweise(n) bei erheblicher Reduzierung der Chancen, eine(n) Partner(in) zu finden. Vereinsamung und weitere Fokussierung auf nur wenige sexuelle Stimuli sind die mögliche Folge dieses Prozesses. Auf der körperlich-genitalen Ebene kann sich dies eben auch als vorzeitiger Samenerguss bemerkbar machen, wobei hier schon deutlich wird, dass die Grenzen zwischen irrationalen Bewertungen völlig «normaler» Vorgänge (schnelle Ejakulation wegen großer sexueller Erregung) und möglicherweise lange «eingeschliffenen», der individuellen Lebensgeschichte zuzuordnenden Formen sexuellen Verhaltens, fließend sind.

Aber auch ohne körperlichen und/oder psychischen Befund, der in die therapeutische Praxis führen müsste, leidet eine große Zahl von Männern an der vorzeitigen Ejakulation oder, besser ausgedrückt, an fehlender Ejakulationskontrolle. Diese fehlende Kontrolle über den Zeitpunkt der Ejakulation soll also (wieder)hergestellt werden, wobei klar sein sollte, dass es eine «absolute» Kontrolle über diesen Zeitpunkt nicht geben kann und dies auch keine «Katastrophe» bedeutet.

Machen Sie sich also nicht fertig, weil Sie «zu früh fertig» sind! Auch hier können Sie mit Hilfe der Rationalen Selbstanalyse, ähnlich wie auf Seite 69 ff. demonstriert, Ihren «Katastrophen- und Muss-darf-nicht-Gedanken» («Katastrophisierungen und Musturbationen») rationale Alternativen entgegensetzen. Sie können Ihre Phantasien dahin gehend lenken, wie Sie ganz lange mit Ihrer Partnerin sexuell verkehren und dass es Ihnen überhaupt nicht schwerfällt, bis zu einem gewissen Grad die Kontrolle über den Zeitpunkt Ihres Höhepunktes zu behalten. Diese und die folgenden Übungsvorschläge gelten nur für diejenigen Männer, die keine Erektionsschwierigkeiten haben, ansonsten müssten zuerst die Erektionsprobleme gelöst werden.

Gerade bei der Problematik der fehlenden Ejakulationskontrolle leuchtet es unmittelbar ein, dass das Erlernen einer Entspannungstechnik (Yoga, Autogenes Training, Progressive Muskelentspannung o. Ä.) von großer Hilfe sein kann. In diesem entspannten Zustand sich vorzustellen, wie gelassen, zeitlich ausgedehnt und lustvoll ihre sexuellen Aktivitäten sein werden, ähnelt sehr dem mentalen Training, dem sich auch Hochleistungssportler unterziehen, um entspannt und relativ angstfrei in den Wettkampf gehen zu können. Weil sie sich im entspannten Zustand beispielsweise die Rennstrecke genau vorgestellt und ihre Tücken mental gemeistert haben, gehen sie auch in der Realität mit Zuversicht und Selbstvertrauen ans Werk.

Aber keinen Leistungsdruck! Dieses Beispiel soll Sie nur von der Wirksamkeit des gedanklichen Vorgehens überzeugen! Gedanken sind es, die Gefühle erzeugen!

Jenseits davon ähneln die Übungen sehr den auf Seite 74 ff. beschriebenen zur Behebung von Erektionsschwierigkeiten. Sowohl die Masturbationsübungen als auch die Partnerübungen unterscheiden sich bei der angestrebten (Wieder-)Herstellung der Ejakulationskontrolle «lediglich» darin, dass ungefähr zwei- bis dreimal wöchentlich nach dem Schema «Stop-Start» systematisch trainiert wird. Sie lernen die eigene Erregungskurve immer besser kennen, hören kurz vor dem Samenerguss mit der Stimulation auf, warten das Abklingen der Erregung ab, stimulieren sich dann erneut bis kurz vor der Ejakulation bzw. lassen sich von der Partnerin stimulieren. Es ist nicht schlimm, wenn Sie ejakulieren, aber versuchen Sie, immer länger ohne Samenerguss «durchzuhalten»! Sie werden mit der Zeit feststellen, dass trotz immer intensiver werdender Stimulationen Ihnen die Kontrolle über Ihre Ejakulation zunehmend leichter fallen wird.

Wenn Sie Ihre Erregungskurve schon verhältnismäßig gut kennen, können Sie mit Ihrer Partnerin auch nach der Methode der so genannten «Squeeze-Technik» («Quetsch-Technik») vorgehen. Wenn Sie von Ihrer Partnerin bis kurz vor dem Orgasmus durch Streicheln stimuliert werden, «quetscht» sie auf Ihr Zeichen Ihren Penis ca. 5 Sekunden zusammen. Dabei legt sie ihren Daumen auf die Eichelunterseite und den zweiten und dritten Finger auf die Eicheloberseite. Dadurch wird die Ejakulation unterbunden und die Erektion klingt ab. Diese schmerzlose Methode kann mehrmals hintereinander wiederholt werden. Sind Ihnen die anatomischen und physiologischen Sachverhalte in diesem Zusammenhang nicht ganz klar, informieren Sie sich bitte anhand einschlägiger Bücher (siehe Anhang), oder holen Sie sich Rat bei einem Sexualtherapeuten oder einer Sexualtherapeutin.

Es gibt keinen Grund, wegen Erektionsschwierigkeiten und fehlender Ejakulationskontrolle zu resignieren. Machen Sie sich Ihre kognitiven (gedanklichen) Bewertungen, Ihre «B», ganz deutlich bewusst, und prüfen Sie dann, ob eine gedankliche Neustrukturierung Ihrer bisherigen Annahmen und «Glaubenssätze» auf der Tagungsordnung steht, ob diese Neustrukturierung durch körperbezogene Übungen ergänzt werden sollte und ob Sie das alles allein oder besser mit therapeutischer Unterstützung – und sei es auch nur durch eine einmalige Beratung – angehen wollen.

Beschreibungen dieser Methoden und Techniken unterscheiden sich leider nur wenig von den Texten, mit denen die Einstellung eines Vergasers in einer Reparaturanleitung für Autos erklärt wird.

Deshalb als wichtige Ergänzung zu den vorgenannten «Gebrauchsanleitungen»:
1. Erfolg versprechend, denk- und durchführbar sind die «Übungen» nur dann, wenn die Atmosphäre stimmt: zwischen Ihnen und Ihrer Partnerin oder mit sich allein. Und die Atmosphäre müssen Sie selber gestalten! Sorgen Sie für ein angenehmes, lustförderndes Ambiente! Machen Sie ein sehr intimes, eher heiteres «Gesellschaftsspiel» daraus. Lassen Sie sich und Ihrer Partnerin Zeit und – Lachen ist gesund!
2. Leistungsdruck ist Gift.

# KAPITEL 8

## «Du bist doch frigide!»

Dies ist so ungefähr der perfideste Vorwurf, den man(n) einer Frau machen kann: Dahinter verbirgt sich nicht selten der männliche Anspruch nach «Willfährigkeit» und allzeitiger – sexueller – Verfügbarkeit der Frau.

So genannte «Appetenzprobleme», also Schwierigkeiten mit dem sexuellen Verlangen bzw. der Fähigkeit, diesem Verlangen auch körperlich Ausdruck zu verleihen, sind keine «Domäne» der Frauen. Nichtsdestoweniger bleibt dieser Vorwurf im Raum stehen, wenn Frauen nicht immer den gleichen sexuellen Enthusiasmus an den Tag legen wie manche Männer.

Fatal wird das Ganze erst richtig, wenn frau selbst davon überzeugt ist, «frigide» zu sein. Angesichts der Schilderungen und Darstellungen in den verschiedensten Medien, wo wunderschöne und heiß begehrte Frauen nicht nur einen, sondern gleiche mehrere – «multiple» – Orgasmen erleben, kommt sich unsere erstaunte und etwas ratlose «Durchschnittsfrau» möglicherweise auch noch minderwertig vor. Sie zweifelt an sich selbst und ihrer sexuellen Erlebnisfähigkeit, produziert entsprechende negative und selbst schädigende Kognitionen («B») und hält sich am Ende für «frigide».

Dabei gibt es sehr viele Frauen, die nur gelegentlich beim

Koitus zum Orgasmus kommen (siehe auch den Abschnitt über den klitoralen Orgasmus im Kapitel 4, Seite 152 ff.), die bei anderen sexuellen Verhaltensweisen leichter oder ausschließlich ihren Höhepunkt erreichen (z. B. durch Streicheln, orale Stimulation oder Masturbation) und dennoch den Geschlechtsverkehr mit ihrem Partner genießen und gar nicht den Anspruch haben, dass der Orgasmus sein muss («Orgasmuss»).

An dieser Stelle wird wieder einmal deutlich, dass es die Bewertungen bestimmter Situationen, Reaktionen, Erwartungshaltungen und Verhaltensweisen sind, die für unsere emotionale und damit auch erotische Gestimmtheit «verantwortlich» sind. Je nach Bewertung fühle ich und verhalte mich entsprechend.

Wenn Sie, liebe Leserin, «glauben», bei jedem Liebesakt einen Orgasmus haben zu «müssen», oder davon überzeugt sind, dass Ihr Partner diesen Orgasmus von Ihnen erwartet, weil er sich sonst vielleicht nicht als «ganzer Mann» fühlen würde, dann ... «spielen» Sie vielleicht Ihren «Höhepunkt». Die Konsequenz daraus könnte sein, dass für Sie Sexualität tatsächlich zur Pflichtveranstaltung verkommt, Ihnen schon beim Denken daran graust und Sie sich mit einer Einstellung in sexuelle Situationen begeben, die dieses Grauen rechtfertigt. Diese sich selbst erfüllende Prophezeiung wird dann den Grundstein für Konflikte bilden, die nicht nur in dem Vorwurf, Sie seien «frigide», münden, sondern in massiven Auseinandersetzungen gipfeln und Ihre Beziehung massiv gefährden können.

### Leistungsdruck und Versagensängste

Die Hauptursache für Appetenzprobleme – wenn körperliche Krankheiten oder Behinderungen ausgeschlossen werden können – sind bei Frauen mit «Orgasmusschwierigkeiten» (Anorgasmie) die gleichen wie bei Männern mit Erektionsproblemen oder nicht ausreichender Ejakulationskontrolle, nämlich Leistungsdruck und die daraus entstehenden Versagensängste! Würde frau/man sich nicht diesem Leistungsdruck unterwerfen, dann entstünden auch keine Ängste und die sexuelle Begegnung könnte lustvoll erlebt werden.

Das Entstehen solcher verhängnisvollen Prozesse lässt sich meist auf Erziehungs- und Umwelteinflüsse zurückführen. Während unseres gesamten Lebens werden wir mit – zum Teil höchst widersprüchlichen – Normen und Werten konfrontiert (z. B. «braves Mädchen», «Jungfräulichkeit», «leidenschaftliche Geliebte»), die in unser Denken, Fühlen und Handeln zu integrieren uns nicht immer ganz leicht fällt und gelegentlich auch völlig misslingt. Umso wichtiger ist es, diese Normen und Werte zu überprüfen. Sie werden uns oft erst dann wirklich bewusst, wenn wir sie verletzen und sie sich als Schuldgefühle (auch so eine Gruppe von Liebestötern und Lustkillern!) bemerkbar machen («das schlechte Gewissen»).

Ein allzu strenges «Über-Ich» in seine Schranken zu verweisen (die rationale Selbstanalyse als «Über-Ich-Analyse») bleibt eine unserer Hauptaufgaben, wenn wir frei von überflüssigen Schuldgefühlen und Ängsten unsere erotisch-sexuellen Bedürfnisse befriedigen möchten.

Und wie leicht lassen sich Schuldgefühle – deren Gefühlsqualität den Ängsten sehr verwandt ist – hervorrufen! Trotz vielleicht «besserer Einsicht» beschleicht Sie bei mancher sexuellen Handlung ein Gefühl des Unbehagens. Sind Sie wirklich immer ganz frei von Schuldgefühlen (die in Wirklichkeit meist Schuldgedanken sind), beispielsweise wenn Sie masturbieren? Obwohl Sie sich von den aus Ihrer Erziehung stammenden Normen und (religiösen) «Vorschriften» glaubten gelöst zu haben, gehen Sie eventuell immer noch nicht ganz unbefangen mit Ihren jeweiligen sexuellen Bedürfnissen um. Dies ist in aller Regel ein Zeichen dafür, dass Sie sich eben doch noch nicht vollständig von den (elterlichen, gesellschaftlichen, religiösen, usw.) Vorgaben gelöst haben. Unsere Emotionalität, unsere Gefühle hinken häufig unserer Einsicht hinterher. Der einzige Weg, Denken und Fühlen wieder einigermaßen in Übereinstimmung zu bringen, liegt darin, sich entsprechend dieser Einsicht zu verhalten, obwohl vielleicht noch das «Gewissen» seinen moralinsauren Zeigefinger hebt! Nur unser Verhalten – und (realistisches) Denken gilt in diesem Zusammenhang auch als Verhalten – wird ausschließlich dazu führen, dass unser – verändertes – realistisches Normen- und Wertesystem sich mit unserem Handeln in Übereinstimmung befindet.

### Den eigenen Bedürfnissen trauen

Ganz konkret beinhaltet dies die Aufforderung an Sie, trotz möglicherweise noch vorhandener Schuldgefühle das zu tun, wozu Sie Lust haben. Zum Beispiel zu masturbieren. Sie fügen damit niemandem einen Schaden zu und entgegen anders lautenden Behauptungen aus verknöcherten Zeiten auch nicht sich selbst, sondern Sie bereiten sich ein kostenloses, phantasieanregendes und keinesfalls gesundheitsschädigendes Vergnügen! Letzteres könnten doch so ziemlich die einzigen normativen Vorgaben sein, bestimmte Handlungen zu unterlassen. Im Vorgriff auf spätere Ausführungen möchte ich schon jetzt ein Kriterium nennen, das aus fortschrittlichen sexualwissenschaftlichen Überlegungen entstanden ist: Die einzig wirklich wichtige Frage lautet, ob ich mit meinem beabsichtigten Verhalten mich und/oder andere schädige! Sich und/oder andere schädigendes Verhalten ist abzulehnen, alles andere ist erlaubt.

Stellen sich dennoch Schuldgefühle ein, genau genommen Schuldgedanken, bearbeiten Sie diese Gedanken und Gefühle, und tun Sie das, wozu Sie «eigentlich» Lust haben! Das ist kein Plädoyer für Rücksichtslosigkeit oder Gewissenlosigkeit, sondern die Ermutigung dazu, Ihren Bedürfnissen zu «trauen»!

Ähnlich wie bei den «männlichen» Problemen können körperbezogene Übungen und sexuelle Phantasiereisen dazu verhelfen, Verhaltens- und Erlebnisweisen (wieder) zu entdecken, die jenseits von Angst, Schuldgefühlen und Leistungsdruck eine Intensivierung sexueller Erfahrungen ermöglichen. Sehr hilfreich kann es dabei sein, erst einmal die Einstellung zum eigenen Körper zu überprüfen.

### Zu Hause im eigenen Körper

Manche Frauen haben ein ausgesprochen negatives Körperbild, finden sich zu dick, zu dünn, ihren Busen und Po zu groß, zu klein, usw. usw. Komplimente und gegenteilige Beteuerungen helfen oft nur wenig, zu tief sitzen die negativen Selbstbewertungen. Versuchen Sie nun bitte, Ihre Überzeugungen und Ideen, die sich auf Ihren Körper beziehen, zu hinterfragen und darüber nachzudenken, vor welchen normativen Vorgaben Sie eigentlich Urteile über sich selbst, über Ihr Aussehen u. Ä. abgeben.

Vielleicht machen Sie sich bereits in dem Moment «katastrophisierende» Gedanken, in dem Sie sich anschicken, mit einem Mann ins Bett zu gehen. Schon die Vorstellung, er könnte Sie nackt sehen, Ihre – angeblich – zu dicken Schenkel, Ihre Zellulitis und Ihren nicht mehr so superstraffen Busen bemerken, bereitet Ihnen unter Umständen so viel Angst und «Scham», dass Sie am Ende Ihrer Gedankengänge felsenfest davon überzeugt sein werden, dass sich dieser Mann nur noch mit Schaudern von Ihnen abwenden kann. Wenn Sie sich dann überhaupt noch auf weitere Intimitäten einlassen, werden Sie sich kaum richtig entspannen können, sich möglicherweise verkrampfen und alles unternehmen, um die Sache möglichst schnell hinter sich zu bringen, um dem Partner damit so wenig Gelegenheit wie möglich zu geben, Sie genau anzuschauen.

Gilt das eben Geschilderte für den Anfang einer Beziehung, so ist bei länger bestehenden Partnerschaften zu beobachten, dass es Frauen auch über einen längeren Zeitraum hinweg oft nicht gelungen ist, ein halbwegs stabiles, sexuelles Selbstwertgefühl aufzubauen. Ein vielleicht allmählich nachlassendes Interesse des Partners, dem es nicht gelungen ist, Sie von Ihrer Attraktivität für ihn zu überzeugen, dient dann für Sie als «Beweis» dafür, dass Sie tatsächlich unattraktiv sind.

Diesen Teufelskreis zu durchbrechen ist nur möglich, wenn Sie radikal Ihre bisherigen Grundüberzeugungen über das, was Attraktivität und erotische Anziehungskraft ausmacht, in Frage stellen!! Die «Emanzipation» (Emanzipation heißt Befreiung!) von vorgegebenen gesellschaftlichen Schönheitsidealen und möglichweise auch von denen Ihres Partners, steht an Wichtigkeit der Bedeutung beispielsweise orgasmusfördernder Methoden in nichts nach!

Selbstverständlich kann auch hier auf der körperlichen Ebene «geübt» werden, wichtig dabei ist, sich von Schuldgefühlen («Schuldgedanken») zu befreien und zu akzeptieren, dass Ihre lustvollen Gefühle und Gedanken nichts «Böses» sind und schon gar nicht irgendjemandem schaden!

Schauen Sie sich im Spiegel an, erkunden Sie Ihren Körper und finden Sie heraus, welche (Selbst-)Berührungen Ihnen am angenehmsten sind. Lassen Sie sich auf Ihren Körper ein, hören Sie sozusagen in Ihren Körper hinein und achten Sie darauf, was er Ihnen zu «sagen» hat! Bearbeiten Sie Ihre möglicherweise vorhandenen selbstabwertenden Ideen über Ihre angeblich fehlende Attraktivität, über ihre vermeintlichen körperlichen «Mängel» (sprechen Sie eventuell auch einmal offen mit Ihrem Partner über Ihre Befürchtungen!) mit Hilfe der Rationalen Selbstanalyse, und fahren Sie fort damit, sich – endlich – in Ihrem Körper «zu Hause» zu fühlen.

### Nett zu sich selbst

Häufig sind es Beziehungsprobleme, die in der Sexualität zu Schwierigkeiten führen. Beide Bereiche – Beziehung und Sexualität – lassen sich «im wirklichen Leben» sowieso nur schwer voneinander trennen. Trotzdem ist es nicht selten der Fall, dass Frauen, zum Beispiel auch vor dem Hintergrund einer verhältnismäßig «prüden» und sexualitätsfeindlichen Erziehung, niemals gelernt haben, sich selbst in ihrer gesamten Körperlichkeit anzunehmen und ein entsprechendes Selbstwertgefühl zu entwickeln. Wenn Sie nachvollziehen können, dass Sie nicht nur einen Körper «haben», sondern auch Körper «sind», ist es an der Zeit, «nett» zu sich selbst zu sein und ausgesprochen «freundlich» mit sich umzugehen.

«Erforschen» Sie Ihren Genitalbereich, berühren Sie sich und streicheln Sie sich, ohne etwas Bestimmtes erreichen zu wollen oder zu «müssen»! Nehmen Sie sich Zeit und machen Sie es sich gemütlich, konzentrieren Sie sich auf Ihre Gefühle und «lassen Sie sich gehen»! Experimentieren Sie mit Ihren Phantasien und Berührungen, Ihrer Erfindungsgabe sind keine Grenzen gesetzt! Bewegen Sie sich lustvoll, stöhnen Sie und führen Sie «unanständige» Selbstgespräche, wenn Ihnen danach ist! Nach einiger Zeit werden Sie erfahren, dass Sie spielerisch und frei von Leistungsdruck Lust empfinden und Ihren Orgasmus erreichen können – und wenn das nicht immer funktioniert, so ist das auch keine «Katastrophe», angenehm war es auf jeden Fall!

Für viele Frauen, die sich sonst eher schwer tun mit der Herbeiführung eines Orgasmus, hat sich die Benutzung eines Vibrators als höchst wirksame und stimulierende Methode herausgestellt. Intensiver noch als mit der Hand lassen sich nicht nur die Genitalien, einschließlich des «Kitzlers» (der Klitoris), stimulieren, sondern auch alle anderen Körperregionen, deren Reizung für Sie angenehm und erregend ist. Bei all den Möglichkeiten der Selbststimulation lernen Sie, lernt Ihr Körper, auf sexuelle Reize zu reagieren und orgasmisch zu werden. Sie lernen Ihren individuellen Erregungsrhythmus genauso kennen wie die für Sie lustvollsten Berührungen und Bewegungen.

### «In Stimmung ...»

Diese Erfahrungen können Sie schließlich unmittelbar auf Ihre Partnerschaft übertragen, die nötige Zuneigung und grundsätzliche Gesprächsbereitschaft, auch auf sexuelle Bedürfnisse bezogen, vorausgesetzt. Dabei sollten Sie keine Hemmungen haben, «aktiv» zu werden, zum Beispiel auf Ihrem Partner zu sitzen und Ihren eigenen Rhythmus zu bestimmen. Auch die orale (durch Zunge und Mund hervorgerufene) Stimulation ist oft ein «zuverlässiger» Weg, sexuelle Erregung und Befriedigung zu erfahren. Scheuen Sie sich nicht, entsprechende Wünsche zu äußern! Genauso wenig gibt es Gründe, den Partner nicht an der Selbststimulation durch die eigenen Finger oder durch einen Vibrator zu beteiligen, «aktiv» oder als Zuschauer! Auch hier sind einzig und allein Ihr Einfallsreichtum und Ihre Bedürfnisse gefragt. Erkunden Sie die verschiedensten Möglichkeiten – allein und / oder mit Ihrem Partner –, und finden Sie heraus, was Ihnen am meisten Spaß macht (im Literaturverzeichnis am Ende dieses Buches sind Bücher angegeben, die im Rahmen von «Selbsthilfeprogrammen» ausführliche Übungsanleitungen bieten). Bei all diesen Vorschlägen sollten Sie aber nie vergessen, dass in erster Linie Ihre sexuellen Phantasien, Ihre gedanklichen Bilder und «Filme» es sind, die Sie «in Stimmung bringen». Und alle körperbezogenen Übungen werden wirkungslos bleiben, wenn Leistungsdruck und Angst Sie – ganz ähnlich wie bei Männern mit Erektionsproblemen – in einer Beobachterrolle («Monitoring») belassen, die es Ihnen dann so gut wie unmöglich macht, sich einfach «fallen zu lassen», Hemmungen abzulegen und die «Situation» einfach geschehen zu lassen.

Wenn gar nichts hilft, sollte natürlich therapeutische Hilfe in Anspruch genommen werden. Bevor Sie aber diesen Schluss ziehen, sollten Sie vielleicht noch einmal genau überprüfen, wie «dringend» Sie in der zurückliegenden Zeit überhaupt einen Orgasmus haben «mussten». Sie sollten immer im Hinterkopf behalten, dass Gelassenheit, also («es») «Geschehenlassen», das oberste «Lernziel» darstellt: das genaue Gegenteil des Wunsches, alles «kontrollieren» zu «müssen».

Die Angst vor Kontrollverlust (sexuelle «Ekstase» bedeutet immer, die «Kontrolle» zu verlieren) ist genauso wie die

Angst, zu «versagen», eines der Hauptindernisse auf dem Weg zu einer befriedigenden Sexualität. Um diese zu erreichen, kommt der Entwicklung einer regen sexuellen Phantasie große Bedeutung zu. Die Phantasien brauchen auch nicht «abgestellt» zu werden, wenn Sie mit Ihrem Partner schlafen! Wenn die Behauptung stimmt, dass das Reich der sexuellen Phantasien «Privatterritorium» ist, dann können Sie in diesem Territorium schalten und walten, wie es Ihnen beliebt. Nur wenn etwas zwanghaft und automatisch abläuft im Sinne einseitiger, alles andere ausschließender Phantasien und Praktiken, könnten vielleicht (dieses «vielleicht» dreimal unterstrichen!) gewisse Bedenken angebracht sein. Jenseits davon ist alles erlaubt, was Ihre sexuelle Erregung – und damit letztlich auch die Ihres Partners – steigert und Sie zum Höhepunkt treibt. Phantasieren Sie sowohl bei der Selbststimulation als auch bei der sexuellen Begegnung mit einem anderen Menschen so viel und wovon immer Sie möchten!

### Lustvolle Grenzüberschreitung

Erinnern Sie sich bitte daran, dass ich auf den Seiten 57 ff. davon sprach, dass bei weitem nicht alle Phantasien zur Verwirklichung drängen und auch nirgendwo steht, dass sie in einer Partnerschaft «unbedingt» mitgeteilt werden «müssten». Mit wirklichkeitsfernen «Mussturbationen» sollten Sie sich nicht weiter belasten. Abgesehen davon gibt es nichts Unvernünftigeres, als sich wegen sexueller Phantasien Schuldgefühle bzw. Schuldgedanken zu machen. Erinnern Sie sich nach Herzenslust an vergangene erotische Situationen, lenken Sie Ihre Gedanken durch erotische Texte, Bilder oder Filme in die «richtige Richtung», malen Sie sich genüsslich die erregendsten Abenteuer, Spiele und Handlungen aus. Statt Schuldgefühle und -gedanken zu produzieren, sollten Sie sich eine der wichtigsten Quellen des Vergnügens im bunten Garten der Sexualität zunutze machen, die auch und gerade im Reich der Phantasie am gefahrlosesten anzuzapfen ist: die lustvolle Grenzüberschreitung, die genüssliche Normverletzung! Schon immer hatte die Sexualität für die Herrschenden (die herrschenden politischen, gesellschaftlichen und religiösen Institutionen) etwas Unheimliches, weil nicht «Beherrschbares». Nur unvollkommen gelang «die Domestizierung» des Sexualtriebs.

**Lustvolle Sexualität macht frei**
Das Elementare und Archaische sexuellen Triebansprüche hatte und hat auch heute noch etwas Beunruhigendes und zum Teil auch Verstörendes, sodass immer wieder der Versuch unternommen wurde und wird, durch Ethiken, moralische Vorgaben, gesellschaftliche und religiöse Normen, über die Erzeugung von (Straf-)Angst und Schuldgefühlen Sexualität zu «bändigen». Das Archaische, «grenzverletzende» der Sexualität, der genussvolle Regelverstoß, kann dazu führen, dass der einzelne Mensch nicht zum Sklaven verinnerlichter Normen und Werte wird und schon gar nicht zum Untertan. Wer die Erfahrung gemacht hat – und sei es in seinem sexuellen Verhalten –, wie befriedigend «Grenzüberschreitungen» sein können, wie nach einiger Zeit das jeweilige Handeln auch das internalisierte Moralsystem (unser «Gewissen», das «Über-Ich») in Richtung lebens- und lustbejahender Einstellungen verändert, wird kaum geneigt sein, sich ohne weiteres einer «von oben» verkündeten Doktrin zu unterwerfen.

Die Tatsache, dass Frustrationen – das Verhindern angestrebter Bedürfnisbefriedigungen – sehr oft zu Aggressionen führen, haben schon antike Despoten ausgenutzt, indem sie beispielsweise ihren Legionären (auch den Gladiatoren) einige Wochen vor der Schlacht bzw. dem Kampf sexuelle Enthaltsamkeit (zwangs)verordneten, um die entstehenden Aggressionen in «Kampfgeist» und Mordlust umzumünzen. Faschistische, diktatorische Systeme, die in der Regel in sexuellen Dingen ausgesprochen prüde und «sittenstreng» agierten, waren sich dieser Zusammenhänge immer sehr bewusst und haben Sexualunterdrückung nicht zuletzt mit dem Ziel, gehorsame Untertanen zu erzeugen, eingesetzt.

Wenn das so ist, dann haben sexuelle Phantasien und Verhaltensweisen, die sich an der (gemeinsamen) Lust und dem spielerischen Ausprobieren neuer Möglichkeiten der «Lustgewinnung» ausrichten und nicht an erhobenen moralinsauren Zeigefingern, etwas ausgesprochen Befreiendes. In der Phantasie ist buchstäblich alles möglich, in der Realität kann schon die völlig «ungefährliche» Benutzung «unzüchtiger» Vokabeln eine lustvolle Übertretung «bürgerlicher Anstandsregeln» bedeuten. Erlaubt ist, was gefällt, in der Phantasie gilt dies allemal – tatsächliches Verhalten hat sich nur nach der Maxime zu richten, anderen und/oder mir selbst nicht zu schaden.

## KAPITEL 9

# Alles Krampf

**Vaginismus, Lubrikationsstörungen, Dyspareunie**

Natürlich gibt es auch im Sexualleben Schwierigkeiten, die sich zwar auf der körperlichen Ebene abspielen, die aber – nachdem körperliche Ursachen ausgeschlossen werden können – eher im psychischen Bereich ihre Wurzeln haben. Dazu gehören bei Frauen Schmerzen beim Geschlechtsverkehr (Dyspareunie), die oft gemeinsam und die Schmerzen verschlimmernd mit Scheidenkrämpfen (Vaginismus), sowie zu geringer oder fehlender Feuchtigkeit der Scheide (Mangel oder Ausfall der vaginalen Lubrikation, es wird zu wenig oder überhaupt kein Scheidensekret produziert) auftreten.

Die – psychosozialen – Ursachen sind vielgestaltig, therapeutisch aber gut zugänglich. Es ist nicht schwer zu verstehen, dass eine sexualfeindliche Erziehung Schuldgefühle und Angst vor sexuellem Handeln und sexuellen Kontakten («Vor Angst habe ich mich völlig verkrampft») erzeugt – mit Folgen für das gesamte spätere Sexualleben. Fehlende Aufklärung, damit zusammenhängend vielleicht ein «Menstruationsschock» («Ich verblute!») tun ihr Übriges.

Oder stellen Sie sich bitte vor, welche Auswirkungen sexueller Missbrauch – möglicherweise über Jahre hinweg – auf die Einstellung zum anderen Geschlecht, auf Sexualität überhaupt, haben muss, ganz abgesehen von den anderen zum Teil verheerenden Folgen für die Persönlichkeitsentwicklung, das Selbstbild sowie die emotionale und mentale Entwicklung des kindlichen Opfers.

Vergewaltigung, sexuelle Nötigung und Belästigung hinterlassen als traumatische Erfahrung negative Spuren in der Psyche der fast immer weiblichen Opfer.

Unabhängig davon kann die Erfahrung von Schmerzen, etwa hervorgerufen durch Geschwüre oder die Narbenbildung nach einem Dammschnitt, zu einer «Erwartungsangst» führen, die in Richtung der schon mehrmals erwähnten sich selbst erfüllenden Prophezeiung zu der befürchteten Verkrampfung mit ihren unerwünschten, schmerzhaften Begleiterscheinungen führt. Die betroffene Frau empfindet möglicherweise schon Angst, wenn sie nur an Sexualität denkt, hier vielleicht besonders an das Eindringen des Penis in die Vagina. Dadurch ist sie nicht mehr in der Lage, angenehme körperliche Empfindungen wahrzunehmen.

Genau in dieser Situation sollte der Teufelskreis durchbrochen werden mit dem Versuch, wieder eine Sensibilität für positive körperlich-sexuelle Erfahrungen zu erlernen.

Dies wird meistens nicht ohne therapeutische Begleitung möglich sein, zumal einzelne Ängste, wie z. B. schwanger zu werden, zu gebären, eine Geschlechtskrankheit oder Aids zu bekommen, eine gesonderte Herangehensweise verlangen. Hinzu kommt das in aller Regel negative Selbstbild der betroffenen Frau, die sich als «Versagerin», als «frigide» und «keine richtige Frau» abwertet. Möglicherweise führte diese Problematik dazu, Sexualität und erotische Nähe überhaupt oder weitgehend zu vermeiden – mit den entsprechenden negativen Folgen für die Beziehung bis hin zur Trennung oder/ und sexuellen Störungen auch beim männlichen Partner.

Das Denken an Sexualität und die damit einhergehende Schmerzerwartung müssen «entkoppelt», die gedankliche Verbindung von Sexualität und Schmerz aufgelöst werden. Dazu zählen auch, therapeutisch eingesetzt, unterstützende körperliche Anwendungen, wie etwa die Verwendung so genannter Dilatatoren. Dies sind aus Stahl oder Glas gefertigte Stifte verschiedenen Durchmessers, die gegebenenfalls mithilfe einer Gleitcreme in die Vagina eingeführt werden. Zuerst wird der Stift mit dem kleinsten Durchmesser genommen (ca. 10 mm), um dann allmählich über einen längeren Zeitraum hinweg, allein oder mit behutsamer Unterstützung des Partners, zu immer größeren Stäben überzugehen und sie eine gewisse Zeit in der Vagina zu lassen. Die eigenen Finger oder die des Partners können natürlich ebenfalls vorsichtig eingeführt werden. Wichtig zu wissen ist, dass es bei den geschilderten Übungen nicht in erster Linie darum geht, die Vagina zu erweitern, sondern vor allen Dingen darum, den Krampfreflex abzubauen und die mentale Verbindung zwischen Eindringen in die Vagina und Schmerz zu unterbrechen.

Wenn bei der oben beschriebenen Problematik psychische (hier speziell «kognitive») sowie körperliche Vorgehensweisen, parallel und präzise abgestimmt vor dem Hintergrund der Individualität und spezifischen Lebensgeschichte der betroffenen Frau, zum Einsatz kommen, sind die Erfolgsaussichten ausgesprochen günstig. Wichtiger noch als die wieder zu erreichende Fähigkeit zum schmerz- und angstfreien Geschlechtsverkehr ist die Auflösung «katastrophierender», gedanklicher Erwartungshaltungen und die (Neu-)Konstruktion einer positiven Einstellung zur Sexualität.

Die amerikanischen Sexualforscher und -therapeuten Masters und Johnson formulierten ihre Auffassung von Vaginismus, Lubrikationsstörungen und Dyspareunie sinngemäß dahin gehend, dass diese Störungen einer gründlichen Therapie bedürfen und nicht mit Selbsthilfeprogrammen bearbeitet werden sollten.

# KAPITEL 10

## Normal – unnormal
## Zwischen Statistik und Moral

«Das ist doch nicht normal!» Mit dieser Aussage wollen wir nicht nur das Verhalten anderer Menschen, sondern vielleicht auch eigene Verhaltensweisen, Phantasien, Gedanken und Bedürfnisse bewerten. Sätze wie: «Ich bin doch nicht schwul!», ausgerufen oder nur gedacht von dem jungen Mann, der gerade sein homosexuelles «Coming-out» erlebt und damit in Konflikt mit seinen verinnerlichten, erziehungsbedingten Normen und Werten gerät, signalisieren möglicherweise den Beginn von Bewältigungsversuchen («Coping»), deren wahrscheinlicher Erfolg mehr als zweifelhaft ist. Ein von Selbstzweifeln geplagter Mensch, der bei sich bestimmte sexuelle Vorlieben entdeckt und nun die bange Frage in seinem Gemüt bewegt, ob er nicht doch als «pervers» zu gelten hat, gerät ins Getriebe der gesellschaftlichen Normen.

Was ist eigentlich «normal»? Was ist die Regel? Die Mehrheit der Durchschnittsbürger, die heterosexuell sind? Wenn die aber auf irgendeine Art und Weise gestört, schädlich, destruktiv ist, was ist dann «unnormal»? Unter Fleischessern ist der Vegetarier «nicht normal», und wenn die ganze Gesellschaft «verrückt» ist, dann ist verrückt «normal».

Normen, Werte und Bedürfnisse befinden sich in den seltensten Fällen in Übereinstimmung, und wir haben oft unsere liebe Not, aus diesem Gestrüpp herauszufinden und ein einigermaßen zufriedenes Leben zu führen.

Welche Ziele wir erreichen möchten und wie Bedürfnisse befriedigt werden (dürfen), hängt weitgehend von den tradierten kulturellen Wertvorstellungen ab, die wir durch Erziehung und Umwelt «mitbekommen» haben und die für uns handlungsleitend sind. Die Art und Weise der Bedürfnisbefriedigung ist also gesellschaftlich vermittelt, und schon ein kurzer Blick auf ein psychologisch «einfacheres» dieser Bedürfnisse, gemeint ist das Bedürfnis nach Nahrungsaufnahme, genügt, um diesen Sachverhalt deutlich zu machen.

Wahrscheinlich gibt es auf der Welt Millionen unterschiedlicher Gerichte und «Küchen», Tabus (z. B. das Schweinefleischtabu im Islam) sowie erziehungsbedingte «Ekelschranken» (Käse als «verfaulte Milch» bei den Chinesen, Schlangenfleisch bei uns), und das Bedürfnis, an einem schön gedeckten Tisch zu sitzen, kann auch kein genetisches Programm sein. Denken Sie nur daran, wie mühsam es ist, kleinen Kindern so genannte «Tischsitten» beizubringen («Sitz gerade – schlabber nicht!»). Essen – na klar, aber wie ... das steht auf einem anderen Blatt.

Wenn die Bedürfnisbefriedigung bei der Aufnahme von Nahrung schon so kompliziert ist, wie wohl erst bei der Sexualität!? Ganze ethische Systeme ranken sich um dieses angeblich nur biologisch bedingte Bedürfnis, (Hochzeits-)Rituale, Ge- und Verbote, strenge Tabus und Verhaltensrichtlinien bis hin zu ausformulierten Gesetzen in irgendwelchen (Straf-)Gesetzbüchern und Katechismen. Von wegen «natürlich» – der Verweis auf die «Natur» und auf die lieben Tierchen bringt uns Menschen auch nicht weiter. Dafür ist die Tierwelt einfach zu vielgestaltig, als dass sie bei unseren «moralischen» Entscheidungszwängen eine Hilfe wäre. Wenn ich das Ideal der lebenslangen, monogamen Zweierbeziehung bevorzuge (gehässige Menschen sprechen gelegentlich auch von der «Monotonogamie»), zitiere ich Schwäne, Störche oder Wale, hätte ich als Mann gern einen Harem, dann müssen Paviane als Vorbild herhalten. Für meine spezielle Ideologie werde ich schon die passende Tierart finden.

Moralische und ethische Entscheidungen können (natur-)wissenschaftlich weder begründet noch widerlegt werden, es handelt sich dabei um «Axiome». Diesen Begriff kennen Sie aus der Mathematik, es könnte sich zum Beispiel um die Parallelen handeln, die sich im Unendlichen treffen. Es sind Grundsätze, die wissenschaftlich nicht ableitbar oder beweisbar sind. Axiome sind aber sehr wohl anzweifelbar! Bis zu einem gewissen Grad sind wir also darauf angewiesen, unser eigenes Wertesystem zu entwickeln, dieses System immer wieder zu verändern, äußeren und inneren Bedingungen anzupassen und unter Umständen während dieser Anpassungs- und Veränderungsprozesse – zumindest eine Zeit lang – auch mit Schuldgefühlen zu leben. Dies ist im Grunde eine lebenslange Daueraufgabe.

Finden wir keinen Standort in diesem System, können wir über kurz oder lang sogar psychisch gestört werden. Gerade am Beispiel sexueller Normen lässt sich gut verdeutlichen, welchen Wandlungen einzelne Wertesysteme unterliegen. Denken Sie nur an die sich verändernden Einstellungen zur Selbstbefriedigung, zur vorehelichen Sexualität, zur «Jungfräulichkeit», zu unterschiedlichen sexuellen Praktiken, zur Homosexualität usw. Diese Entwicklungen hatten häufig etwas Befreiendes – denken Sie nur an die Schuldgefühle, die vielleicht ein streng katholisch erzogener Junge in den fünfziger Jahren ertragen musste, weil er onaniert hatte («schwere Sünde»).

### Das schlechte Gewissen

Es ist nun aber nicht so, dass es heute keine moralischen Verhaltensanforderungen an den einzelnen Menschen mehr gäbe, die in der Lage wären, Schuldgefühle zu erzeugen. Gesellschaftliche und individuelle Entwicklungen verlaufen ungleichzeitig, und wir selbst schleppen eine Menge Ballast an überkommenen Regeln und Vorschriften mit uns herum, gegen die zu verstoßen uns immer noch «ein schlechtes Gewissen» bereitet.

Bei der Kindererziehung wird heute jedoch eher Wert gelegt auf ein relativ unverkrampftes und repressionsfreies Umgehen mit den eigenen sexuellen Bedürfnissen. Das Ziel dabei ist die Förderung eines starken «Ichs», der Entwicklung einer Persönlichkeit, die in der Lage ist, den Konflikt zwischen Bedürfnissen einerseits sowie Normen und Werten andererseits zu ertragen und auszubalancieren. Was in der Pubertät als Auseinandersetzung mit der erwachenden Sexualität und den Forderungen des sozialen Umfeldes beginnt, setzt sich später fort in der Konfrontation mit oft von uns selbst nachdrücklich vertretenen ethischen Standards und den unter Umständen ausgesprochen konflikthaft erlebten erotisch-sexuellen Vorlieben.

Ein Mensch mit einem zu strengen Gewissen ist immer «neurotisch»! Dies ist kein Plädoyer für «Gewissenlosigkeit», menschliches, soziales Zusammenleben braucht – auch tief verinnerlichte – Normen und Werte. Aber jemand, der wegen jedes noch so kleinen (sexuellen) Vergnügens Schuldgefühle bekommt, wird auf längere Sicht seines Lebens nicht mehr froh werden. Wenn ich mich aufgrund permanenter Schuldgefühle unentwegt als armer Sünder, schlecht und willensschwach fühle, kann ich einfach kein stabiles Selbstwertgefühl entwickeln und werde vielleicht irgendwann depressiv (Schuldgefühle haben häufig einen großen Anteil an Depressionen und Selbstwertproblemen!) oder bilde andere (psychische, psychosomatische) Störungen heraus.

Selbstverständlich möchten wir auch im Einklang mit unserer Umwelt leben, und so versuchen wir uns lebenslang in einem Balanceakt zwischen der Hoffnung, gesellschaftlichen und verinnerlichten Normen gerecht zu werden («Hoffnung auf Erfolg»), und der Angst vor Schuldgefühlen, Bestrafung und gesellschaftlicher Ächtung («Angst vor Misserfolg»).

Das nebenstehende Schema soll den Zusammenhang zwischen Bedürfnissen und Ängsten verdeutlichen:

Die Integration von Bedürfnisstruktur und normativen Vorgaben kann im Rahmen einer Rationalen Selbstanalyse gut gelingen, weil hier Normen, die in bestimmten «absolutistischen» Denkgewohnheiten («Musturbationen» u. Ä.) ihren Niederschlag finden, auf ihren Realitätsgehalt hin abgeklopft werden können. Es kann überprüft werden, wie wirklichkeitsangemessen und förderlich für das körperliche und seelische Wohlbefinden einzelne gesellschaftlich vermittelte und verinnerlichte Normen und Werte eigentlich sind!

### Perversionen und Triebwünsche

Nehmen Sie Begriffe wie «Perversität» oder «Perversion», zu denen vor noch gar nicht so langer Zeit Masturbation genauso gehörte wie etwa orale Praktiken oder Koituspositionen jenseits der «Missionarsstellung» («Mann auf Frau»). Die Veränderung in der Bewertung verschiedener sexueller Verhaltensweisen ist eklatant, und glücklicherweise weichen die obigen, eher diskriminierenden, Begriffe allmählich den Kriterien der Selbst- und/oder Fremdschädigung, einschließlich des Kriteriums der Freiwilligkeit. Das bedeutet

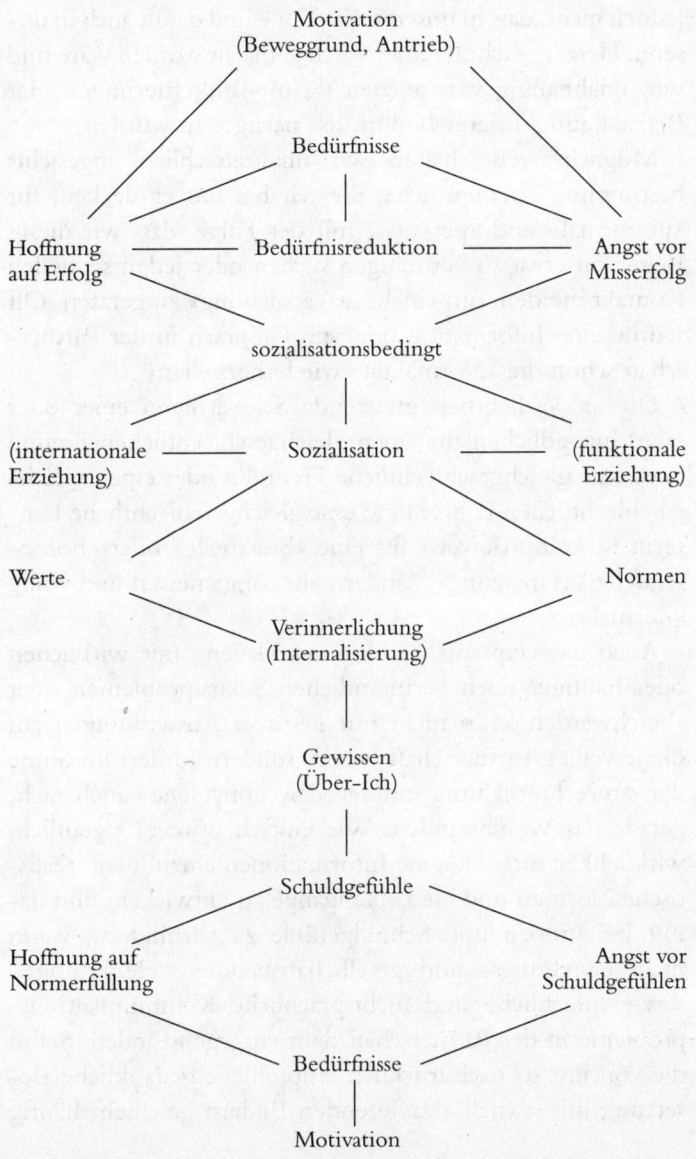

jedoch nicht, dass in unseren Köpfen – und damit auch in unseren Herzen – schon reiner Tisch gemacht worden wäre und wir, unabhängig von solchen (Selbst-)Etikettierungen, der Befriedigung unserer Bedürfnisse nachgehen würden.

Möglicherweise halten wir uns tatsächlich angesichts bestimmter Triebwünsche, die wir bei uns entdecken, für «unnormal» und «pervers», mit der Folge, dass wir dieses Begehren etwa zu verdrängen suchen oder jeden sexuellen Kontakt meiden, um «nicht in Versuchung» zu geraten. Oft würde eine Information oder ein Gespräch in der Partnerschaft schon die «Normalität» wiederherstellen!

Die an Verliebtheit grenzende Schwärmerei einer oder eines Jugendlichen für einen gleichgeschlechtlichen Freund bzw. eine gleichgeschlechtliche Freundin oder einen gleichgeschlechtlichen Lehrer bzw. eine gleichgeschlechtliche Lehrerin ist kein «Beweis» für eine «bisexuelle» oder «homosexuelle Veranlagung», sondern altersangemessen und völlig «normal».

Auch das «einsame Sichherumschlagen» mit wirklichen oder häufiger noch vermeintlichen Sexualproblemen oder -beschwerden kann nicht nur negative Auswirkungen auf die jeweilige Partnerschaft haben, sondern fördert im Sinne der Aufrechterhaltung unserer «Psychohygiene» auch nicht gerade das Wohlbefinden. Wie einfach wäre es eigentlich, wirklichkeitsangemessene Informationen einzuholen, realistische Normen und Gedankengänge zu entwickeln und damit Irritationen und Schuldgefühle zu verhindern, wenn nicht erziehungs- und gesellschaftsbedingte Hemmungen sowie sprachliche und nichtsprachliche Kommunikationsprobleme in der Partnerschaft dem entgegenstünden. Selbst die von mir so nachdrücklich empfohlene gedankliche Besetzung mit sexuell aktivierenden Bildern geschieht häufig nur zaghaft und ist durchsetzt mit stimmungsmordenden Schuldgedanken. Natürlich muss sexuelles Phantasieren und Verhalten im Sinne des Aufbauens und des Erwerbs von Erfahrungen gelernt werden – nur sollten wir uns selbst den Erwerb dieser Erfahrungen auch zugestehen und ermöglichen, wenn die Bedürfnisse und Rechte anderer davon nicht negativ berührt werden! «Was verboten ist, das macht mich gerade scharf», darum kann das abenteuerlustige Erforschen unbekannten Terrains und das Überschreiten von Grenzen auch so lustvoll sein!

In diesem Zusammenhang gewinnt der Begriff «pervers» vielleicht eine neue, weniger abwertende Dimension, zumal wenn man akzeptiert, dass der Koitus nicht die einzige Möglichkeit darstellt, Sexualität befriedigend zu erleben. Möglicherweise sind Entdeckungsreisen in sexuelles Neuland gar nicht so großartig, wie ich erhofft habe, aber auch das kann eine wichtige Erfahrung sein. Fehlschläge bedeuten darüber hinaus nicht automatisch, dass die jeweilige Partnerin oder der jeweilige Partner nichts mehr mit mir zu tun haben will. Selbst im schlimmsten Fall, dem Ende der Beziehung, kann in den seltensten Fällen wirklich von einer «Katastrophe» gesprochen werden.

Auf ein gewisses «Risikoverhalten» bei der Fixierung auf ein einseitiges, zwanghaftes Sexualverhalten habe ich schon hingewiesen. Vielleicht ist Ihnen dabei schon ganz komisch geworden, und Sie haben in sich hineingehorcht, ob nicht möglicherweise Ihre sexuellen Vorlieben doch – zumindest ein wenig – «pervers» sind.

Der englische Dichter Oscar Wilde war es, der einmal davon sprach, dass es «köstliche Perversitäten» gebe und man sie genießen möge.

Um das zu können, sollten Sie einmal analysieren (eine

RSA anfertigen), bei welchen sexuellen Praktiken (A) Sie sich gedanklich als «pervers» (zumindest ein bisschen «abseitig») bezeichnen (B) und sich dann alles andere als «köstlich» fühlen, sondern eher schuldbewusst auf Ihr Verhalten blicken (C).

Ein Beispiel aus männlicher Sicht mag genügen. Liebe Leserin: Das fällt mir nun mal leichter, bitte übertragen Sie das Beispiel auf Ihre weibliche Erlebenswelt.

Sie, lieber Leser, sehen Ihre Partnerin gern an? Sie sehen auch besonders gern bestimmte Kleidung, Wäsche, Schuhe, Make-up an ihr? Sie sehen auch liebend gern dabei zu, wenn sie ihre Kleidung ablegt, vielleicht auch gelegentlich etwas anbehält? Sie genießen es auch, sich selbst im Beisein Ihrer Partnerin auszuziehen? Sie werden besonders erregt durch das Anschauen und Berühren bestimmter Körperregionen? Besonders «angemacht» werden Sie durch intensive Zärtlichkeiten, Berührungen, orale Praktiken? Ganz aus dem Häuschen geraten Sie bei ausgesuchten «Stellungen»?

Haben Sie etwa eine der Fragen, vielleicht sogar mehrere oder gar alle, mit «ja» beantworten können?

Mein lieber Mann, um es ganz deutlich auszusprechen: Sie sind ja vielleicht ... so was von «normal»! Haben Sie aber «törichterweise» sich selbst der «Perversität» bezichtigt, so wird es Zeit, den Realitätsgehalt dieser «Bezichtigung» etwas genauer zu betrachten (D), um dann wirklich dahin zu kommen, die eigenen bzw. gemeinsamen sexuellen Verhaltensweisen «köstlich» zu finden und zu genießen (E).

Die geschilderten Verhaltensweisen und Vorlieben sind völlig «normal» und «natürlich» und gehören als Teile, als «Partialtriebe», zur Gesamtheit der Sexualität.

### Exklusive Praktiken

Erst wenn sich diese «Partialtriebe» verselbständigen, wenn Sie sozusagen einen Teil fürs Ganze nehmen («pars pro toto»), statt mehreres oder alles auf einmal, das auch noch ausschließlich und einseitig nur auf die eine Vorliebe, auf die eine Verhaltensweise – möglicherweise auch noch zwanghaft – fixiert, wird es wahrscheinlich tatsächlich etwas bedenklich.

Alle ausschließlich, also «exklusiv» benutzten Sexualpraktiken können als «Risikoverhalten» bezeichnet werden. Wenn Sie also nur noch durch das Schauen Lust erleben können («Voyeurismus»), nur noch das Selbstentkleiden und Sich-angucken-Lassen im Vordergrund des Interesses stehen («Exhibitionismus»), nur noch bestimmte Kleidungsstücke oder Körperteile sexuelle Erregung auslösen können («Fetischismus»), Sie die Frau, zu der der Busen oder Po, die Beine, Füße, Haare, Hände oder was auch immer für Körperteile gehören, nur noch notgedrungen in Kauf nehmen, weil sonst Ihr «Lustobjekt» unerreichbar wäre, wenn Sie auf die Partnerin ganz verzichten können, Ihnen das Wäschestück oder die Schuhe «reichen», auf die Sie dann einsam masturbieren, dann braucht das noch immer nicht zwangsläufig darauf hinauszulaufen, dass andere Menschen durch diese Verhaltensweisen beeinträchtigt oder geschädigt werden. Ob allerdings Sie selbst mit diesen ausschließlich eingesetzten Praktiken auf Dauer «glücklich» werden oder Ihre sexuelle Erlebnisfähigkeit nicht eher eingeschränkt wird und langfristig verkümmert, sollte gegebenenfalls durch die Inanspruchnahme therapeutischer Fachkompetenz abgeklärt werden.

### Freiwillig und normal

Entscheidend bleibt nach wie vor die Beantwortung der Frage, ob sich selbst und/oder andere schädigendes Verhalten vorliegt oder nicht.

Dieses einfache Kriterium ist u. a. deshalb so praktisch und zugleich «fortschrittlich», weil bei seiner konsequenten Anwendung die in ihrer Variationsbreite heterosexuellem Verhalten in nichts nachstehende Homosexualität nicht mehr als moralisch verwerflich, krank oder kriminell bezeichnet werden kann. Denn was zwei erwachsene Menschen freiwillig und ohne Beeinträchtigung Dritter tun, hat weder den Pfarrer noch den Psychiater und schon gar nicht den Staatsanwalt zu interessieren. Dies gilt gleichermaßen für freiwillig eingegangene, hetero- oder homosexuelle, sadomasochistische Beziehungen und «Rollenspiele». Die Vergewaltigung dagegen (von der Vergewaltigung in der Ehe ganz zu schweigen), die bis jetzt offiziell immer noch als «Sexualdelikt» verharmlost wird, anstatt als schweres Gewaltverbrechen geahndet zu werden, steht bei der Anwendung des oben genannten Kriteriums endlich ganz vorn auf der Liste abzulehnender «unnormaler» und – strafrechtlich – konsequent zu verfolgender Handlungsweisen.

### Schuldgefühle

Loten Sie ohne Schuldgefühle, ohne Schuldgedanken und ohne Angst Ihre ganz individuellen Möglichkeiten zur Entwicklung eines befriedigenden Sexuallebens aus. Denn sonst kann es passieren, dass Sie gerade beim Praktizieren nicht ganz so üblichen sexuellen Verhaltens nicht nur ein paar Gewissensbisse verspüren, sondern vom Gefühl massiver Schuld, begleitet von Sühnebedürfnissen und Bestrafungsängsten, heimgesucht werden. Ihre eigene Psyche bereitet Ihnen diese Hölle. Schuld und Sühne, Verbrechen und Strafe sind die Metaphern, mit denen Sie sich in eine Phobie (griech. *phobos* = die Angst) hineinmanövrieren können, deren «Krankheitswert» und Behandlungsbedürftigkeit vor dem Hintergrund ihres verhältnismäßig häufigen Auftretens selbst von den gesetzlichen Krankenkassen inzwischen anerkannt wurde. Gemeint ist die – unbegründete – Angst vor Aids, die «Aidsphobie». Aufgrund eines Seitensprungs, eines Bordellbesuchs, einer ungewöhnlichen sexuellen Verhaltensweise o. Ä. ist Ihr Schuldgefühl so intensiv, ist ihr selbstschädigendes «Sühnebedürfnis» so groß geworden, dass Sie fest davon überzeugt sind (von Gott, dem Schicksal oder von wem auch immer) wegen Ihres Frevels mit der Immunschwächeerkrankung Aids bestraft und – in Ihren Augen – damit zum Tode verurteilt zu sein.

Selbst mehrere Aidstests mit dem erfreulichen Befund «negativ» können Sie nicht von der Überzeugung abbringen («alles Irrtümer oder Schlamperei»), mit dem Aidsvirus infiziert worden zu sein. Es gab in der jüngeren Vergangenheit schon Verbrechen mit dem Hintergrund «Aidsphobie»: Ein Freier ermordete eine Prostituierte, von der er annahm (absolut zu Unrecht), dass sie ihn mit der Immunschwächekrankheit angesteckt habe. Anschaulicher lässt sich nicht verdeutlichen, mit welcher Macht unsere «innere Zensur- und Strafverfolgungsbehörde» ausgestattet ist und dass gelegentlich sogar auf die Hilfe eines erfahrenen und kompetenten «Verteidigers» zurückgegriffen werden muss, um die Verfolgung durch unsere verinnerlichte Normen- und Werteinstanz einstellen zu lassen. Dieser «Verteidiger» wird bei obiger Problematik repräsentiert durch einen Therapeuten oder eine Therapeutin, der oder die konsequent die vitalen Interessen ihres «Mandanten» gegenüber dieser unerbittlichen «Behörde» vertritt. Die Erfolgsaussichten sind günstig. Noch besser wäre es, durch eine «ständige» Disputation Ihrer «absolutistischen», «mussturbatorischen» und «katastrophierenden» Denkgewohnheiten und der Formulierung rationaler Alternativen der Entstehung einer solch rigiden Instanz entgegenzuwirken.

## KAPITEL 11

## Kuscheln, Zärtlichkeiten und Blümchensex – oder «Sex pur»?

Auf Seminaren, Kursen oder in Gruppentherapien erlebe ich immer wieder das gleiche Phänomen: Auf die Frage an einzelne Gruppenmitglieder, wie wichtig ihnen Sexualität eigentlich ist, welche Bedeutung sie für ihr Leben hat, welchen Stellenwert sie in der persönlichen Wertehierarchie einnimmt, kommen immer dieselben, sowohl «richtigen» als auch stereotypen Antworten. Sexualität sei ihnen sehr wichtig, sagen einzelne Teilnehmerinnen und Teilnehmer sinngemäß, sie bedeute ihnen sehr viel, u. a. weil sie eine wunderbare Möglichkeit darstelle, Nähe, Zärtlichkeit und Liebe auszudrücken, sie mache das Leben reicher und stelle immer wieder neu eine tiefe Verbindung zur Partnerin, zum Partner her usw. usf.

Ein Teilnehmer, der während einer solchen Veranstaltungssequenz neben mir saß, schon die ganze Zeit über unruhig auf seinem Stuhl hin und her rutschte und irgendetwas von «Gesülze» vor sich hin murmelte, platzte plötzlich mit der Frage heraus: «... und wann fangt ihr endlich an zu bumsen?!» Das anschließende peinliche Schweigen und die betretenen Gesichter der Teilnehmenden bezog sich meiner Ansicht nach weitaus weniger auf die vielleicht etwas drastische Ausdrucksweise dieses Gruppenmitglieds als auf die Tatsache, dass allen bisherigen Antworten irgendwie der «letzte Kick» fehlte, dass irgendetwas Wichtiges unausgesprochen blieb und dass das «Wesen» von Sexualität mit den bisher benutzten freundlichen Vokabeln nicht angemessen oder zumindest nicht vollständig beschrieben wurde.

### Aggressiv

Weitab von dem Anspruch, Sexualität «angemessen» beschreiben zu können, stellte ich mir doch die Frage, woraus denn nur dieser unausgesprochene Rest inhaltlich, konkret bestehen könnte. Der Versuch einer Annäherung an die Beantwortung dieser Frage könnte eventuell so aussehen:

Ich bin davon überzeugt, dass Sexualität neben allen schon genannten Faktoren auch starke aggressive Anteile besitzt. Aggressiv nicht gemeint als destruktiv, zerstörerisch, verletzend oder «sadistisch», sondern als fordernd, «egoistisch» im Sinne von die eigene Lust erleben, die eigene Befriedigung erlangen zu wollen, im anderen das «Sexualobjekt» wahrzunehmen und ihn oder sie «haben» zu wollen (nicht im Sinne von «Verdinglichung», Ausnutzung oder «Entmenschlichung»!) und lustvoll Tabus zu verletzen und Grenzen zu überschreiten – möglicherweise auch die des «bürgerlichen Anstandes».

Bestand der erklärte Zweck der Sexualität in der Vergangenheit in ihrer Fortpflanzungsfunktion, wurde sie durch die Ehe als von Gott gespendetes Sakrament geheiligt und durch den Segen von Vater Staat geadelt, durch Normen- und Regelwerke, «Moral» und Rituale domestiziert und «in Schranken gehalten», so hat sie doch – glücklicherweise – immer ihre nicht «beherrschbaren» Anteile behalten. Diesen die Zügel anzulegen gelang nie vollständig, doch steckt bei aller Liberalität auch in uns noch ein gehöriges Stück «Viktorianismus» mit seiner Prüderie und seinem rigorosen

Moralismus. Da Religion, Tradition und Staat als Sinn stiftende Institutionen obsolet geworden sind, muss nun die («romantische») Liebe sexuelles Verlangen weihen – und durch die Hintertür treten damit die alten Vorbehalte gegen pure Sexualität wieder hervor. «Sex pur» – ohne «Liebe» – ist uns nach wie vor nicht ganz geheuer, ist nach wie vor irgendwie «abstoßend». Dass es natürlich diese «reine» Sexualität gibt, beweisen nicht nur zum Teil eher fragwürdige Erscheinungen wie etwa Pornographie und Prostitution, sondern auch die alltägliche sowie therapeutische Erfahrung:

Menschen können ausgesprochen lustvoll sexuell miteinander verkehren, ohne sich zu lieben, und Menschen können sich sehr lieb haben und trotzdem große Probleme in ihrem Geschlechtsleben haben.

Es ist für jeden Menschen, für jedes Paar, eine großartige Erfahrung, wenn Liebe und sexuelle Erfüllung übereinstimmen, aber dieses Idealbild entspricht – vorsichtig ausgedrückt – nicht immer der Wirklichkeit. Deswegen «nackte» Sexualität abzuwerten und zu meinen, sie müsse zumindest mit dem Mantel der «Liebe» bedeckt werden, zeugt davon, dass es mit dem unverkrampften Verhältnis zur Sexualität immer noch nicht allzu weit her ist.

Dabei spricht die Wirklichkeit und die – auch (sexual-)wissenschaftliche – Erfahrung eine andere Sprache: Gerade auch bei Liebespaaren, verheiratet oder nicht, schon lange zusammenlebend oder erst am Anfang ihrer Beziehung stehend, die von einem ausgefüllten und äußerst befriedigenden Sexualleben erzählen, zeigt sich, dass bei ihnen auch die fordernden, «aggressiven» Impulse im Sinne obiger Beschreibung, also «Sex pur», intensiver gelebt und genossen werden.

Um nicht missverstanden zu werden: Nichts gegen «Kuschel- oder Blümchensex», schon überhaupt nichts gegen Zärtlichkeit (das «Heftige» schließt das «Zärtliche» nicht aus), aber gelegentlich macht es auch Spaß, mal so richtig draufloszu... hier fehlt mir – mal wieder – ein druckreifes und «salonfähiges» Verb. Es ist sehr bezeichnend, dass unsere Sprache keine «stubenreinen» Begriffe jenseits juristischer oder medizinischer Fachausdrücke, auch jenseits von vulgärsprachlichen Formulierungen, kennt – mit ganz speziellen Konsequenzen auch für unser Denken.

Unsere Emotionalität wird unmittelbar von diesen sprachlichen und damit eben auch gedanklichen Mustern beeinflusst. Festzuhalten bleibt, dass im Grunde jedes Paar vor der Aufgabe steht, für sein sexuelles Verhalten, für seine sexuellen Bedürfnisse eine «Intim-Sprache» zu finden, mit der sich beide wohl fühlen. Die Gesellschaft stellt ihr nämlich keine zur Verfügung. Nur mithilfe dieser gemeinsamen Sprache lassen sich dann auch sexuelle Bedürfnisse, Phantasien oder Probleme bereden, die sonst unausgesprochen blieben.

## KAPITEL 12

### Alles «zerreden»?
### Über die Ungleichzeitigkeit des Auftretens von Wünschen und die Notwendigkeit von Verabredungen

Ich werde gelegentlich gefragt, wer denn nun den stärkeren Geschlechtstrieb habe, der Mann oder die Frau. Darauf gibt es keine genaue Antwort. Es gibt sowohl «triebstarke» Männer als auch «triebstarke» Frauen und es gibt «triebschwache» Männer und «triebschwache» Frauen. Die individuelle Ausprägung unterschiedlicher «Triebstärken» geht also quer durch beide Geschlechter.

Das ist aber auch gar nicht so sehr das Problem! Schwierigkeiten entstehen in Paarbeziehungen weniger wegen unterschiedlicher «Triebstärken» oder divergierender Vorstellungen über die wünschenswerte Häufigkeit sexueller Kontakte, sondern weitaus öfter wegen der Ungleichzeitigkeit des Auftretens von (sexuellen) Wünschen und Bedürfnissen. Das kann sich auf den Tagesrhythmus beziehen (sie möchte abends, er morgens), auf den Wochenrhythmus (sie lieber öfter an den Wochenenden, er lieber verteilt über die gesamte Woche) oder auf bestimmte Lebensabschnitte (der frisch verheiratete junge Ehemann mit starken sexuellen Bedürfnissen und seine sexuell noch nicht so «bedürftige» Ehefrau, deren Sexualität möglicherweise erst jenseits des 35. Lebensjahres voll «erblüht», wo er eventuell mehr mit dem Vorantreiben seiner beruflichen Karriere beschäftigt ist, seine sexuellen Bedürfnisse vom Arbeitsstress begraben).

Oder denken Sie an die weiblichen und männlichen «Wechseljahre», an das Älterwerden und den damit einhergehenden unterschiedlichen persönlichen Entwicklungen und Krisen, die selbstverständlich auch im Bereich der Sexualität ihre Spuren hinterlassen.

Der Mann, der seine «midlife-crisis» mit der sehr viel jüngeren Geliebten zu bewältigen sucht, die streng religiös erzogene Frau, die erst jenseits des Klimakteriums ihre wirklichen sexuellen Bedürfnisse entdeckt – endlich frei von der Angst vor erneuter Schwangerschaft –: all dies sind wichtige Elemente und Bestandteile zur Beurteilung gelungener, problematischer oder misslungener geschlechtlicher Erfüllung.

Dass Sexualität auch unabhängig von ihrer Funktion als Quelle der Lust und als Instrument menschlicher Reproduktion kompensatorisch, also als Ersatz für etwas anderes, dienen kann, zeigt ja exemplarisch das Beispiel von dem älteren (Ehe-)Mann mit seiner jungen Geliebten. Hier stehen höchstwahrscheinlich weniger irgendein «Trieb» und frustrierte sexuelle Bedürfnisse im Vordergrund als der Wunsch, das eigene, wackelige Selbstwertgefühl zu stabilisieren, sich mit der jungen, schönen Freundin zu schmücken – sie damit allerdings auch als Krücke für das angeschlagene Selbstbewusstsein zu instrumentalisieren –, die verlorene Jugend wieder zu beleben und die Angst vor dem immer näher rückenden Tod zu bekämpfen.

Wie dem auch sei, zu wirklich großen Problemen führen diese und andere Prozesse erst dann, wenn sie nicht kommuniziert werden, wenn nicht über das, was den einzelnen Menschen bewegt, mit einer anderen Person, möglichst sogar mit dem eigenen Partner, der eigenen Partnerin, gesprochen werden kann.

Man kann alles «zerreden», im schlechtesten Sinne «rationalisieren» und damit «den Gaul zu Tode reiten». Die Alternative dazu kann aber nicht heißen, zu schweigen, den Mantel angeblicher «Barmherzigkeit» über diverse latent schlummernde oder offene Probleme zu breiten und so zu tun, als gäbe es sie nicht. Eine so praktizierte «Vogel-Strauß-Politik» führt nur dazu, die gesamte Problematik «nach innen» zu verlagern, wo sie dann jede Gelegenheit wahrnimmt, Unheil im Seelenleben anzurichten. Denn sich irgendwelcher belastender Dinge nicht mehr bewusst zu sein heißt nicht, dass sie nun weg sind, sondern man lässt sie nun völlig unkontrolliert im psychischen Haushalt wursteln. Beobachtbar und wahrnehmbar werden diese Vorgänge erst wieder dann, wenn sich eine psychische und/oder körperliche Symptomatik herausgebildet hat und der individuelle Leidensdruck so groß geworden ist, dass möglicherweise professionelle Hilfe angezeigt ist. Bis es jedoch so weit ist und der Betroffene diese Hilfe sucht, hat er unter Umständen schon eine Odyssee durch zahlreiche Arztpraxen und ein Martyrium hinter sich.

### Sprachlosigkeit und Gedankenleserei

Die Crux vieler Paarbeziehungen besteht weniger darin, dass zu viel und zu tief schürfend geredet, folglich alles «zerredet» würde, sondern genau das Gegenteil trifft eher zu. Es herrscht oft in den Ehen und Lebensgemeinschaften eine Art von Sprachlosigkeit, die mich auch heute noch in manchen Paartherapien verblüfft. Worüber etwa zehn, zwanzig Jahre zusammenlebende Paare in all der Zeit nicht miteinander gesprochen haben, ist schon erstaunlich! So sind denn auch viele Paartherapien in erster Linie «Kommunikationstrainings». Nachdem zunächst eine gemeinsame Sprache gefunden und entwickelt wurde, beide Partner wenigstens über eine Schnittmenge gemeinsamer Begriffe verfügen, muss gelernt und der Mut aufgebracht werden, offen und ohne Vorbehalte die eigenen Wünsche, Bedürfnisse, Ängste und Probleme zu artikulieren. Warum das oft so relativ spät geschieht, meist erst dann, wenn das Kind schon fast in den Brunnen gefallen ist, hat meistens mit den Gedanken, Vorstellungen, Verallgemeinerungen usw., also mit den «B» zu tun, die die Partner über den jeweils anderen hegen.

Es wird unentwegt «Gedankenleserei» betrieben, einschließlich der Erwartung, die Partnerin oder der Partner müsse «Telepath» sein. Wir alle kennen Menschen, die sich unentwegt darüber Gedanken machen, was andere über sie denken könnten; sie werden das nie erfahren, weil sie den Menschen nur vor die Stirn schauen können – und so ersetzen sie fehlende Informationen durch Phantasien. Das Gleiche gilt für die Zukunft, auch die kennen wir nicht (nichts gegen eine vernünftige Zukunftsplanung!) und ersetzen die fehlenden Kenntnisse durch häufig Angst auslösende Phantasiegebilde – «sich Sorgen machen» nennt man das dann.

Damit ist nicht nur gemeint, dass ich mir Gedanken darüber mache bis hin zur «Gewissheit», was die oder der andere über mich denken («ich weiß schon, was du jetzt denkst!») oder wie die entsprechenden Reaktionen (die «Zukunft») aussehen könnten, sondern ich erwarte auch vom anderen, dass sie oder er meine Wünsche, Vorlieben oder Abneigungen quasi «intuitiv» erspürt oder zumindest erahnt.

Festzumachen ist diese Einstellung sehr häufig an Ansprüchen wie «wir leben doch nun schon so lange zusammen, die/der muss (!) doch wissen/merken, dass ich...»

Ja woran denn, wenn Sie noch nie darüber gesprochen haben!?

### Hellseher und Sittenstrolche

Neben allen nonverbalen Ausdrucksmöglichkeiten, die eben sehr häufig missverständlich sind und ausgesprochen unterschiedlich interpretiert werden können, stellt doch die Sprache unsere beste und im Grunde auch einzige Möglichkeit dar, uns halbwegs präzise miteinander zu verständigen! Aber nicht nur «telepathische» Vorstellungen durchziehen unsere Bewertungen (die «B»), wir spielen uns auch gelegentlich als «Hellseher» auf. Mit großer «Sicherheit» geben wir Prognosen über die Zukunft ab, als wären wir im Besitz einer magischen Gabe, die uns in die Lage versetzt, die Zukunft zu enträtseln.

«Wenn ich meiner Frau sagen würde, was ich wirklich gern hätte, dann würde sie mich für pervers halten, sie hätte dann bestimmt jede Achtung vor mir verloren, und ich wäre in ihren Augen nicht besser als irgendein Sittenstrolch!»

«Ich bin für meinen Mann fast so etwas wie eine Heilige, er ist auch gut zu mir, zärtlich und rücksichtsvoll. Wenn er wüsste, was ich mir manchmal wünsche und wovon ich träume – ich glaube, er verlöre jeden Respekt vor mir und würde mich vielleicht sogar verachten!»

Diese Mischung aus «Gedankenleserei», «Hellseherei» und «katastrophisierendem» Denken führt dazu, dass beide Partner in ihrer Sprachlosigkeit verharren und sich ein Bild über den anderen zusammenphantasieren, das einer Überprüfung an der Wirklichkeit oftmals nicht standhalten würde.

Für Schwierigkeiten in der Beziehung werden häufig diese wirklichkeitsfernen Bilder vom jeweils anderen Partner als «Erklärung» für den gerade schief hängenden Haussegen oder die lähmende Ereignislosigkeit im Schlafzimmer angeführt.

Der erste Schritt, um nicht nur miteinander zu sprechen,

sondern möglichst auch über dasselbe, könnte in einer gemeinsamen Übung bestehen, die ich Ihnen jetzt vorstelle.

Sie dient dazu, auf der «Folie» der Rationalen Selbstanalyse – noch besser formuliert: der Rationalen Situationsanalyse – die jeweiligen Bewertungen (die «B») einer Realitätsprüfung zu unterziehen und gegebenenfalls zu korrigieren.

### Ein Ereignis – zwei Geschichten

Setzen Sie sich bitte mit Ihrer Partnerin oder Ihrem Partner zusammen, ausgerüstet mit Papier und Schreibgerät.

Beantworten Sie dann schriftlich folgende Frage: 1. «Was sind aus meiner Sicht die Ursachen für unsere Schwierigkeiten?» Da Sie diese Übung ja höchstwahrscheinlich nur machen werden, wenn tatsächlich Probleme vorliegen, wird Ihnen schon einiges einfallen. Notieren Sie bitte diese Einfälle stichwortartig und beantworten Sie danach die folgende Frage ebenfalls schriftlich: 2. «Wie könnte wohl meine Partnerin / mein Partner die erste Frage beantwortet haben?»

Sie werden also mit der zweiten Frage dazu aufgefordert, Phantasien darüber zu entwickeln, welche Ursachen Ihre Partnerin oder Ihr Partner für Ihre Beziehungsprobleme verantwortlich macht. Man braucht kein Prophet zu sein, um voraussagen zu können, dass es sich dabei sehr oft um irrationale «B» handeln wird, die nun mit der Realität konfrontiert werden sollten.

Lesen Sie Ihrer Partnerin oder Ihrem Partner die Antwort (Ihre Stichworte usw.) auf die zweite Frage vor, in der Sie Ihre Vermutungen darüber geäußert haben, was aus der Sicht Ihres Gegenübers die Gründe für Ihre gemeinsamen Schwierigkeiten sind. Daraufhin legt Ihr Partner bzw. Ihre Partnerin seine oder ihre Antwort auf die erste Frage vor, also welche Faktoren tatsächlich von ihr oder ihm ursächlich mit den vorhandenen Konflikten in Zusammenhang gebracht werden.

Schon bei dieser ersten Übung wird oft auf eklatante Weise die Diskrepanz zwischen der eigenen Wahrnehmung und die des/der anderen sowie der jeweiligen kognitiven Interpretation deutlich! Falls Übereinstimmung zwischen Ihren Gedanken über die Vorstellungen Ihres Gegenübers und dessen tatsächlichen Überlegungen über die Schwierigkeiten in Ihrer Beziehung besteht, ist auch das ein gutes Ergebnis, denn offenbar schätzen Sie beide die Situation gleich ein, sprechen also über dasselbe. In aller Regel ist es aber eher so, dass spätestens beim zweiten Übungsdurchgang, in dem Ihre Partnerin oder Ihr Partner Ihnen die Beantwortung der zweiten Frage vorliest und Sie beide dies mit Ihrer Antwort auf die erste Frage vergleichen, der Eindruck entstehen könnte, Sie würden auf zwei verschiedenen Planeten leben und nicht in einer langjährigen Beziehung.

Die subjektive Wahrnehmung des Einzelnen zu der des jeweils anderen kann so grob unterschiedlich sein, dass erst einmal der Realitätsgehalt der einzelnen Ideen über die eigene Person und die des/der anderen disputiert («D») werden sollte, damit ein Abgleich zwischen Ihren Ansichten und denen Ihrer Partnerin oder Ihres Partners möglich wird. Diese häufig mehrmals stattfindenden, tief gehenden Gespräche haben neben der Klärung der unterschiedlichen Sichtweisen auf die Welt und auf die eigene Person einen höchst erfreulichen Nebeneffekt: das Finden und Einüben einer gemeinsamen Sprache und Begrifflichkeit.

Das Zurechtrücken irrationaler Vorstellungen über die Partnerschaft kann dazu führen, dass allmählich das Eis bricht, eine Schneise geschlagen wird in das Dickicht «mussturbatorischer, katastrophisierender», die eigene Person und die des / der anderen abwertender Gedanken. Langsam kann das Gestrüpp aus Vorurteilen, Ängsten und Frustrationen beiseite geräumt werden.

### «Das ist alles?»

Dann ist es auf einmal auch möglich, wenn auch vielleicht mit roten Ohren und Schweiß auf der Stirn, über sexuelle Bedürfnisse und Wunschphantasien zu sprechen, ohne gleich befürchten zu müssen, vom anderen als gesamte Persönlichkeit abgelehnt zu werden.

Die erstaunlichste, auch in Paartherapien immer wieder zu beobachtende Erscheinung dabei ist, dass in den allermeisten Fällen beispielsweise die Angst vor Ablehnung, etwa beim Aussprechen eines sexuellen Bedürfnisses, völlig unbegründet war, nämlich einzig und allein das Resultat negativer, «hellseherischer» und «Gedankenleserei» versuchender Kognitionen.

Ich habe schon Paare erlebt, die ausgesprochen wütend darüber wurden, dass er mit seinem so bescheidenen Wunsch nach einer anderen Position beim Geschlechtsverkehr so lange und überflüssigerweise hinter dem Berg hielt oder sie sich nicht traute, ihn zu bitten, mal mit Mund und Zunge ihr Genital zu liebkosen. Im Geiste habe ich immer noch den Satz von Klientinnen in den Ohren: «Ja – und – das ist alles? Ist das wirklich alles, was du möchtest?» Und was hatte es ihn an Überwindung gekostet, wie hatte er herumgedruckst, bis er endlich den entscheidenden Satz zustande brachte! Wie lange hatte er sich gegrämt, an sich gezweifelt, vielleicht sogar in Pornographie und Prostitution mit unendlich viel Schuldgefühlen das gesucht, was er seiner Partnerin nicht glaubte «zumuten» zu dürfen.

Wie hat sie sich geschämt, sich als «nicht ganz normal» gesehen, weil sie beim Koitus nur gelegentlich zum Orgasmus kam – ganz im Gegensatz zur von heftigen Schuldgefühlen begleiteten Selbstbefriedigung, die sie u. a. schon seit langem auf die Idee gebracht hatte, dass eine Stimulation ihrer Klitoris und der benachbarten Körperregion äußerst lustvoll sein könnte. Aber ihr Mann, pingelig wie er ist, würde sich bestimmt ekeln vor ihrem Geruch und ihren Körperflüssigkeiten, ganz abgesehen davon, dass für ihn sicher nur der «eigentliche» Geschlechtsverkehr zählte. Und was antwortet er, nachdem sie mit zitternder Stimme und wackeligen Knien endlich ihre «abartigen» Wünsche geäußert hat? «Schon die Vorstellung macht mich an, das werde ich bestimmt gern machen! Warum hast du mir das denn nicht schon viel eher gesagt!!» Ja, warum wohl nicht?!

### Kommunikative Kompetenzen

Wahrscheinlich haben wir alle während unserer Erziehung nicht sonderlich gut gelernt, offen zu sprechen, dem anderen eine ehrliche Rückmeldung («Feedback») zu geben, ohne mit dem Anspruch daherzukommen, nun eine «objektive» Kritik abzuliefern. Mich in meinen Äußerungen zu meiner ganz speziellen, subjektiven Wahrnehmungsweise zu «bekennen» und gleichzeitig auf Vorwürfe und Schuldzuweisungen zu verzichten, die eigene «Betroffenheit» kenntlich zu machen, ohne den anderen in seinem gesamten Verhalten und in seiner Gesamtpersönlichkeit zu verurteilen, fällt schwer, und die Fähigkeit sowie die Bereitschaft dazu wurden uns nicht in die Wiege gelegt. Umso wichtiger ist es, entsprechende soziale und kommunikative Kompetenzen zu erwerben, einzuüben und zu praktizieren.

In diesem Zusammenhang kann es hilfreich sein, sich zumindest einiger Regeln bewusst zu werden, die als Voraussetzung für das Gelingen eines offenen und vertrauensvollen Gesprächs gelten können!

- Nehmen Sie sich ausreichend Zeit für diese wichtigen Gespräche!
- Sorgen Sie für einen behaglichen und störungsfreien äußeren Rahmen!
- Schaffen Sie durch Zuwendung, Anerkennung und Achtsamkeit eine vertrauensvolle Atmosphäre!
- Versuchen Sie am Anfang gemeinsam festzulegen, was Sie in diesem Gespräch erreichen wollen!
- Versuchen Sie gemeinsam, Ursachen für Meinungsverschiedenheiten und Missverständnisse aufzuklären, und korrigieren Sie diese, wenn möglich!
- Reduzieren Sie die Angst Ihres Gegenübers durch Ihre eigene Offenheit!
- Hören Sie Ihrem Gegenüber «aktiv», d. h. aufmerksam, zu und signalisieren Sie diese Aufmerksamkeit durch Ihre gesamte Haltung, einschließlich Ihrer Mimik, Ihrer Gestik, Ihrer sprachlichen Äußerungen!
- Ertragen Sie Pausen – insbesondere dann, wenn der Redefluss Ihrer Partnerin / Ihres Partners stockt oder eine Antwort erst spät und nur zögerlich kommt!
- Lassen Sie den / die andere(n) aussprechen – unterbrechen Sie nicht seinen / ihren Gedanken- und Redefluss!
- Bieten Sie Schlüsselwörter, Stichworte an, wenn Sie glauben, sich dem «eigentlichen» Problem zu nähern!
- «Spiegeln» Sie das von Ihrem Gegenüber Gesagte, indem Sie es mit seinen oder Ihren Worten sinngemäß oder wörtlich wiederholen – dadurch «verstärken» Sie den / die andere(n) «positiv», d. h., Sie signalisieren nachdrücklich Ihre Aufmerksamkeit und Anteilnahme!

- Geben Sie dem/der anderen eine ehrliche Rückmeldung, wenn Sie sich durch einen Satz oder durch ein bestimmtes Verhalten betroffen fühlen!
- Verzichten Sie dabei auf Schuldzuweisungen und Vorwürfe!
- Versetzen Sie sich so weit wie möglich gedanklich in die Situation Ihrer Gesprächspartnerin oder Ihres Gesprächspartners!
- Vermeiden Sie Ironie – Sie geht immer auf Kosten des/der anderen! Dabei müssen die Gesprächspartner ihren Humor nicht in die Schublade packen.
- Seien Sie «echt», bringen Sie sich mit Ihrer gesamten Persönlichkeit in das Gespräch ein!
- Versuchen Sie, sich Ihrer jeweiligen Einstellungen bewusst zu werden, und sprechen Sie auch darüber!
- Erläutern Sie sich gegenseitig Konsequenzen aus bestimmten Einstellungen und Verhaltensweisen!
- Zeigen Sie dem/der anderen Ihre Grenzen auf, wenn Sie «Grenzüberschreitungen» befürchten und Angst haben, verletzt zu werden!
- Formulieren und begründen Sie diese Angst mit all Ihrer Subjektivität!
- Beachten Sie die Verständnisebene Ihres Gegenübers!
- Überraschen Sie die Erwartungshaltung Ihrer Partnerin bzw. Ihres Partners, indem Sie nicht wieder das sagen oder tun, was Sie sonst immer sagen und tun!
- Versuchen Sie gemeinsam, einen positiven Ausklang für das Gespräch zu finden, auch wenn noch nicht alle Probleme gelöst sind!
- Wenn Sie beide oder auch nur einer von Ihnen ein weiteres Gespräch wünscht, vereinbaren Sie einen neuen Termin!
- Versuchen Sie das gemeinsam Besprochene im Alltag um-

zusetzen, und sprechen Sie beim nächsten Mal unter anderem auch darüber, was nicht geklappt hat und warum es nicht geklappt hat – wiederum ohne Schuldzuweisungen!

Wenn Sie sich an die meisten dieser Regeln halten, sollte es eigentlich mit dem Teufel zugehen, wenn es nicht zu Fortschritten bei der Lösung Ihrer Probleme kommen würde.

Stellen Sie sich bitte den Idealzustand vor: Sie beide würden sich immer nach dem vorgeschlagenen Regelwerk richten und jeder von Ihnen bei Bedarf eine Rationale Selbstanalyse bzw. eine Rationale Situationsanalyse anfertigen. Sie könnten frohgemut und mit berechtigtem Optimismus der weiteren Entwicklung Ihrer Beziehung und Ihres Sexuallebens entgegensehen.

### Verabredungen und Vorfreude

Wenn die notwendigen kommunikativen Voraussetzungen geschaffen wurden, dürfte die Schwierigkeit mit der Ungleichzeitigkeit des Auftretens von (sexuellen) Bedürfnissen kein unüberwindliches Hindernis mehr darstellen. Auch hier geht es in erster Linie darum, bestimmte Einstellungen und Erwartungshaltungen zu überprüfen. Die Vorstellung etwa, sexuelle Aktivitäten planen zu sollen und nicht etwa spontan entstehen zu lassen, lässt manche jungen Paare schaudern. Aber nicht nur jungen Paaren schaudert es bei dem Gedanken an einer Vorausplanung der Gestaltung ihres Geschlechtslebens, auch ältere Paare hängen der Idee nach, sexuelle Interaktion müsse sich spontan und aus dem Augenblick heraus entwickeln. Diese «Spontaneitätsideologie» sei Ihnen unbenommen.

Zu bedenken gebe ich aber Folgendes: Sexualwissenschaftliche Untersuchungen kamen zu dem Ergebnis, dass vor allem bei länger zusammenlebenden Paaren, bei denen der allererste Liebesrausch im Zustand intensivster, leidenschaftlicher Verliebtheit zeitlich schon etwas zurückliegt, die «Koitusfrequenz», also die Häufigkeit der sexuellen Kontakte miteinander, signifikant abnahm, wenn beide auf das gleichzeitige, spontane Hervorbrechen ihres sexuellen Begehrens warteten. Berufliche, gesellschaftliche und soziale Verpflichtungen, die Organisation des Haushalts und die Versorgung der Kinder, die Pflege der kranken Schwiegermutter und das Ausführen des Hundes, irgendetwas kommt immer dazwischen, von der interessanten Fernsehsendung sowie dem spannenden Film, den man schon immer mal sehen wollte, ganz abgesehen. Der Alltag frisst uns auf, und anstelle beflügelnder Phantasien, die in der Lage wären, die Stimmung zu heben, malen wir uns aus, wie es wohl wäre, wenn die Kinder mitten im intimsten Geschehen hereinplatzen würden. Und aus ist's mit der Stimmung! Paare jedoch, die sich ganz bewusst Zeit für ihre Sexualität reservieren, die dafür sorgen, dass sie in dieser Zeit auch wirklich ungestört sein werden, haben – wiederum signifikant – mehr gemeinsame sexuelle Aktivitäten als die Paare, die auf ihre Spontaneität setzen!

Dies muss ja nun nicht gleich bedeuten, nach Terminkalender und Stoppuhr miteinander sexuell zu verkehren, deutet aber darauf hin, dass sich hinter einer wie auch immer gearteten «Verabredung» und der Herausbildung erotischer «Rituale» die große Chance verbirgt, die vielleicht schon fast verloren gegangene sexuelle Spannung in der Beziehung wieder zu beleben. Vor allen Dingen kann damit auch dem Problem der Ungleichzeitigkeit des Auftretens sexueller Wünsche begegnet und die Phantasie – auch im Sinne des Entstehens von Vorfreude – angeregt werden.

In jeder funktionierenden Beziehung haben sich positive «Rituale» herausgebildet, die überhaupt nicht – negativ verstanden – als «eingeschliffene» Gewohnheiten und als «Alltagstrott» wahrgenommen werden, sondern die im Laufe der Zeit sehr lieb gewonnen wurden.

Denken Sie an die Gutenachtgeschichte, die Sie Ihrer kleinen Tochter jeden Abend erzählen oder die Sie als Kind vorgelesen bekamen, denken Sie an die ganz spezielle Art, wie Weihnachten oder Ihr Geburtstag in Ihrer oder Ihrer elterlichen Familie gefeiert wurden, denken Sie an die nur für Sie beide verstehbaren Gesten und Worte aus der Zeit Ihrer ersten Verliebtheit usw. usw. – alles Beispiele für «Rituale», die wir nicht mehr missen möchten oder an die wir uns mit Rührung und Wehmut erinnern. Es ist eine altbekannte Tatsache aus Paartherapien – und die Alltagserfahrung offenbart bei näherem Hinsehen das Gleiche –, dass ein auffälliges Merkmal («Symptom») gestörter Beziehungen die Unter- oder Rückentwicklung positiver Rituale darstellt. So kann es durchaus angezeigt sein, diesem Paar zu «verordnen», erst einmal wieder gemeinsame Rituale zu entwickeln oder neu zu beleben, auch wenn im Moment dazu keine allzu große Lust vorhanden ist.

Die Hoffnung, die sich hinter dieser «Verordnung» verbirgt, besteht darin, dass das Paar bei der «Durchführung», beim «Vollzug» dieser Rituale sozusagen «unterwegs» wieder Spaß an der Sache selbst gewinnt und die Rituale ohne ausdrückliche «Verordnung» fortführt. Dieser Prozess fängt häufig ganz bescheiden an, z. B. damit, die beiden aufzufordern, wieder – wie früher auch – freitagabends essen zu gehen. Warum also soll es nicht möglich sein, auch sexuelle Rituale zu entwickeln, auf die man sich freuen kann und die nichts mit «Zwang» zu tun haben?

Bei lange dauernden Partnerschaften, in denen nicht selten sexuelles Begehren unter viel Alltagsgeröll verschüttet wurde, besteht eine der Möglichkeiten, die Partnerin/den Partner in der eigenen Wahrnehmung wieder mit sexuellen Reizen «auszustatten», darin, ein Wochenende in einem schönen, ruhigen Hotel, fernab von Kindern, (Schwieger-)Eltern und Hund zu verbringen und sich gegenseitig sexuell «wieder zu entdecken». Die einzige Gefahr beim (Wieder)Aufbau einer «erotischen Kultur» innerhalb der jeweiligen Paarbeziehung besteht darin, dass sich beide Beteiligten selbst wieder unter Leistungsdruck setzen und meinen, nun «müsste aber auch alles» – und das möglichst schnell – wieder möglich sein. Geben Sie sich selbst eine Chance, alles kann, nichts muss! Bleiben Sie spielerisch und experimentierfreudig, das Einzige, was uns, was Ihnen vielleicht wirklich fehlt, ist Gelassenheit und «Muße». Leistungsdruck und «Monitoring», Angst und Ungeduld sind weitaus gnadenlosere Sexkiller, als jede lange Unterhose es je sein könnte. Die besten Waffen sind Muße und das gemeinsame, offene und von gegenseitigem Vertrauen und Respekt getragene Gespräch. Damit lassen sich auch «Musturbationen», Missverständnisse und Fehldeutungen aus der Welt schaffen, die möglicherweise die Beziehung schon lange belasteten. Und wie leicht entstehen diese Fehlinterpretationen, wenn man nicht gelernt hat, sich ein ehrliches Feedback zu geben!

### «Ich kann's mir doch denken …!»

Eine Klientin beklagte sich vehement darüber, dass ihr Ehemann – wie übrigens alle Männer! – immer nur «das eine» von ihr wolle, jede noch so behutsame Zärtlichkeit, insbesondere auch dann, wenn sie von ihr ausgegangen war, würde immer nur zu «dem einen» führen, weshalb sie die meisten Zärtlichkeiten inzwischen abwehren würde – von ihr selbst gehe sowieso kaum noch die Initiative aus. Weiter erzählte die Klientin, dass natürlich nicht jede Zärtlichkeit zu sexuellen Aktivitäten im engeren Sinn geführt habe und führe, dies liege aber nur daran, dass sie recht früh jeden weiteren Körperkontakt abblocke. Da die junge Frau zuvor davon berichtet hatte, dass ihr Mann ansonsten sehr liebevoll, anpassungsbereit und auf Harmonie bedacht sei – von Überrumpelungsverhalten oder gar Gewalttätigkeit keine Spur –, fragte ich meine Klientin, woran sie denn diese Unausweichlichkeit von Zärtlichkeit und «Aufforderung» zu sexuellen Aktivitäten festmache. Ihre wortwörtliche Antwort:

«Weil ich doch spüre, wie er gleich steif wird, wenn ich ihn berühre.»

Ich: «Ja – und dann?»

Sie: «Nichts – und dann – ich zieh mich dann sofort zurück – es läuft ja doch immer aufs Gleiche hinaus.»

Ich: «Tut es das? Bedrängt er sie dann weiter?»

Sie: «Nein, das nicht, aber ich kann mir doch denken, dass er nun frustriert ist, das will ich doch auch nicht, aber ich will auch nicht jedes Mal mit ihm ins Bett gehen, nur weil er es mal wieder unbedingt braucht!»

Ich: «Und woraus schließen Sie, dass er es nun wieder unbedingt braucht?»

Sie: «Na, weil er 'ne Erektion hat.»

Wir hätten uns so noch stundenlang weiter im Kreis drehen können, offenkundig war nur, dass hier eine Situationsdefinition, eine Interpretation der Wirklichkeit mit ihren Phantasien über die Empfindungen, Wünsche und Reaktionen sowie ihren als problematisch erlebten emotionalen und kommunikativen Konsequenzen vorlagen, die durch das Ereignis selbst (A–«Kamera-Check») nicht zu erklären waren. In einer weiteren Sitzung mit beiden Beteiligten konnte die Kommunikationsbarriere überwunden werden, und beide gaben sich zum ersten Mal in ihrer Ehe eine ehrliche Rückmeldung über die Art und Weise, wie sie die zur Diskussion stehende Situation wahrnehmen und erleben. Dabei stellte sich zur Verblüffung der Klientin heraus, dass seine beim Austausch von Zärtlichkeit entstehende Erektion keine grundsätzliche Aufforderung zu weiteren sexuellen Aktivitäten bedeutete, dass seine Erektion ihn nicht «quälte», sondern eben einfach wieder nachlasse – und frustriert sei er auch nicht, weil auch für ihn Zärtlichkeit als solche und für sich genommen einen Wert und eine Bereicherung darstelle. Dass er seine Frau begehre und er auch sexuell stark auf sie reagiere, sei doch nichts Schlimmes und könne ihm doch nicht vorgeworfen werden. Er wolle sie doch nicht irgendwie «nötigen» und seine quasi «reflexartige» Erektion würde die Zärtlichkeit doch nicht abwerten und überhaupt, was sie denn eigentlich für eine komische Einstellung zur Sexualität habe.

Es ist unschwer zu erkennen, dass hier ein wichtiger Punkt angesprochen wurde! Im Bewusstsein seiner Frau, bei ihren Bewertungen (B) der Situation (A) fand u. a. eine Hierarchisierung nach ihrer vermeintlichen «Wertigkeit» zwischen «Zärtlichkeit» und «Sexualität» bei gleichzeitiger, ausgesprochen künstlicher Trennung beider Bereiche statt.

Schon nach kurzer Disputation (D) konnte die gedankliche Gleichsetzung der Klientin von Erektion mit Aufforderung zum Geschlechtsverkehr aufgelöst werden – mit für beide befreiendem Effekt (E). Es bestand berechtigte Hoffnung, dass beide nun unverkrampfter mit der Erotik in ihrer Beziehung umgehen und intensiver und offener miteinander reden würden. Die Einstellung der jungen Frau zur Sexualität im Sinne einer «Aufwertung» innerhalb ihres ganz persönlichen «Normenkatalogs» brauchte etwas länger. Tief verinnerlichte Werte und Normen lassen sich nicht «auf

Kommando» verändern. Auffallend an diesem Beispiel ist, wie konfliktbeladen auch eher unbedeutende Ereignisse werden können, wenn sich ihre Interpretation, ihre Bewertung vor dem Hintergrund unrealistischer «Grundüberzeugungen» kognitiv verfestigt und zusätzlich nicht hinterfragt wird, unausgesprochen und damit eben auch unkorrigierbar bleibt. Dann sich lieber dem Vorwurf aussetzen, «alles zu zerreden», als schweigsam und nach dem Motto «ein Indianer kennt keinen Schmerz» Frust, Zorn und Enttäuschung immer wieder herunterzuwürgen. Dass dies auf Dauer nicht funktionieren kann, merken wir immer spätestens dann, wenn sich der unaufbereitete psychische Abfall gegen uns in Form seelischer und/oder körperlicher Beschwerden richtet, Aggressionen gegen andere – in der Regel gegen die, die uns eigentlich am nächsten stehen – freisetzt und am Ende unsere Beziehung(en) ernstlich gefährdet.

### Lustvolle Grenzüberschreitung

Es folgt ein Beispiel dafür, wie die Unfähigkeit oder die fehlende Courage, gemeinsame erotisch-sexuelle Erfahrungen auch sprachlich mit der Partnerin oder dem Partner zu reflektieren, dazu führen kann, hoffnungs- und lustvoll begonnene Beziehungen schon in ihrem Anfangsstadium in ihren Grundfesten zu erschüttern.

Ein Mann um die Dreißig suchte mich ziemlich aufgelöst in der Praxis auf, um sich Folgendes vom Herzen zu reden: Obwohl er noch nicht allzu viel Erfahrungen mit anderen Frauen gesammelt habe – seine bisherigen Beziehungen seien eher oberflächlich und kurzfristig gewesen –, sei er seit ein paar Monaten mit einer wirklich netten, attraktiven, charmanten und intelligenten Frau befreundet, die ihm in der kurzen Zeit auch schon sehr ans Herz gewachsen sei. Auch sexuell klappe alles prima – hier stockte der Klient –, d.h., sie würden wohl gern und oft miteinander schlafen, nur mit einem komme er überhaupt nicht zurecht! Während der heftigsten sexuellen Umarmung, mitten im Geschlechtsverkehr, vor allem kurz vor ihrem Höhepunkt, würde sie ihn mit den unflätigsten Worten beschimpfen, ihn mit Ausdrücken titulieren, die er nicht wagen würde, in den Mund zu nehmen («unterste Kategorie», wie der Klient sich ausdrückte).

Er könne sich einfach nicht vorstellen, was die Ursache für derartige Ausbrüche sein könnte. Er hatte zwar seine Freundin nicht danach gefragt, auch nicht «über Umwege» versucht, ein Gespräch darüber in Gang zu setzen. Aber psychoanalytisch «vorbelastet», wie es der gebildete Mitteleuropäer heute ist, hatte er sich Gedanken (B) darüber gemacht, welche Gründe es wohl für das – sprachliche – Verhalten seiner Freundin geben könnte. Verdrängte, starke Aggressionen, die durch den teilweisen Kontrollverlust in der sexuellen Ekstase hochgespült würden, kamen ihm in den Sinn. Vielleicht entwickelte sie Abwehrmechanismen gegen ihre sexuellen Impulse aufgrund eines rigiden Über-Ichs und drohender Schuldgefühle, die zusätzlich noch dadurch abgemildert werden könnten, ihn als «bösen Versucher», als Auslöser für die im Grunde vom Gewissen (dem Über-Ich) verbotenen Lustgefühle zu identifizieren, um ihn dann zumindest symbolisch über das Medium der Sprache zu bekämpfen. Dies waren noch längst nicht alle Erklärungsversuche meines unglücklichen Klienten, und als ich ihn nach ein paar Beispielen für die von seiner Freundin benutzten Vokabeln fragte, die er mit hochrotem Kopf flüsterte und die in der Tat nicht druckreif waren, überkam mich eine Ahnung, die sich zur Gewissheit verdichtete, als seine Freundin mich freundlicherweise in der Praxis besucht und mit mir gesprochen hatte.

Die «Beschimpfung» des Partners während des «Liebesaktes» schrumpfte – jenseits allen psychoanalytischen Wortgeklingels – zu einer absoluten Fehlinterpretation (jede Menge «irrationale B») zusammen. Die junge Frau hatte nichts anderes getan, als ihren intensiven sexuellen Empfindungen auf die für sie lustvollste Weise Ausdruck zu verleihen. Die Verwendung höchst «unanständiger», sexuell aufgeladener «schmutziger» Ausdrücke (die Amerikaner sprechen in diesem Zusammenhang hübsch umschreibend von «four-letter words»: z. B. to «fuck», to «suck») war für sie ein Weg, lustvoll Grenzen zu überschreiten, «Anstandsregeln» zu verletzen und damit ihr sexuelles Erleben noch weiter zu intensivieren, ohne dadurch sich oder anderen zu schaden. Letzteres allerdings war ein Irrtum: Ihr Partner fühlte sich tatsächlich verletzt, und sein Unverständnis konnte ihm schlechterdings nicht zum Vorwurf gemacht werden. Erst als er verstand, welche Funktion die Benutzung «obszöner», sexuell aufgeladener Worte für seine Freundin besaß, und sie seine Verunsicherung nachvollziehen konnte, begannen sich beide darüber zu verständigen, wie sie ihr Sexualleben in Zukunft gestalten wollten, welche Verhaltensweisen beibehalten, welche verinnerlichten Normen hinterfragt und welche Einstellungen eventuell verändert werden sollten.

### Die «individuelle» Wirklichkeit

Sie sehen an diesen Beispielen einmal mehr, wie leicht Fehleinschätzungen und Missverständnisse entstehen können und wie wichtig es ist, die eigenen Einschätzungen einer Realitätsprüfung zu unterziehen und das Gespräch mit der Partnerin bzw. mit dem Partner zu suchen. Sie müssen nicht alles gut finden und kommentarlos akzeptieren, was der/die andere sagt, tut oder wie er/sie sich verhält! Aber wirklich Stellung beziehen und Ihre mögliche Ablehnung begründen können Sie erst dann, wenn Sie Ihrer Partnerin oder Ihrem Partner aufmerksam zugehört haben, wenn ein «Abgleich» Ihrer Ansichten, Wünsche und eventuellen Abneigungen zwischen Ihnen beiden stattgefunden hat und wenn Sie den gefundenen Kompromiss an der Wirklichkeit überprüft haben. Ihre individuelle Wirklichkeit ist damit gemeint, nicht nur allein irgendein objektivierbarer Tatbestand.

Wenn Sie feststellen können, dass Ihre Ideen, Pläne, Gedanken und Einschätzungen unrealistisch sind im Sinne des auf Seite 46 dargestellten ersten Kriteriums, können Sie sich von diesen Vorstellungen getrost verabschieden. Auch wenn alles dafür spricht, dass Sie mit ihnen Ihre Ziele nicht erreichen können, sind diese Kognitionen als im weiteren Sinne unrealistisch einzuschätzen. Beantworten Sie Fragen danach, ob diese Gedanken Ihnen dabei helfen, unerwünschte, belastende Gefühle gar nicht erst hochkommen zu lassen, oder ob sie dazu dienen können, unerwünschte Konflikte in Ihrem sozialen Umfeld gar nicht erst entstehen zu lassen, mit «nein», sind auch diese damit zusammenhängenden Bewertungen realitätsfern und selbstschädigend.

### Die Grenzen

Weitaus dramatischer wird die Situation, wenn Sie sich tatsächlich aus ethischen, ästhetischen oder sonstigen psychisch fest verankerten Gründen nicht mit den Bedürfnissen und sexuellen Verhaltensweisen Ihres Partners oder Ihrer Partnerin anfreunden können. Oder wenn Ihre sexuellen Präferenzen mit den Vorstellungen Ihre Partnerin oder Ihres Partners inkompatibel sind. Dann haben Sie wirklich ein Problem. Denn eine zu große Anpassungsbereitschaft bei gleichzeitiger Unterdrückung des eigenen Widerwillens und das «Unter-den-Teppich-Kehren» der eigenen Bedürfnisse würde über kurz oder lang zu Aggressionen und damit zu mehr oder weniger schweren Konflikten führen, die Ihre Beziehung so belasten würden, dass eine Verständigung über Ihre jeweilige sexuelle Ausrichtung immer schwerer würde. Bei der Berücksichtigung der sexuellen Vorlieben Ihrer Partnerin oder Ihres Partners sowie bei der «Durchsetzung» Ihrer eigenen gilt es sorgfältig abzuwägen, wessen Grenzen bei welchen Praktiken in welchem Ausmaß verletzt werden und Kompromisse nicht mehr gefunden werden können. Natürlich kann es Ihnen die Entscheidungsfindung erleichtern, wenn Sie experimentierfreudig und ohne große Vorbehalte Ihre eigenen Grenzen erkunden, um dann möglicherweise zu dem Schluss zu kommen, dass das soeben praktizierte Sexualverhalten für Sie «nichts war», Ihnen also «nichts» gebracht hat und nicht wiederholt werden muss. Und zwar ohne Zorn, Ekel, Frustration und Vorwürfe an den/die andere(n), was freilich nur möglich ist, wenn Sie gelernt haben, vertrauensvoll und offen miteinander zu reden. Bei einer halbwegs rationalen – nicht «verkopften» – Herangehensweise an diese Problematik können Sie schon im Vorfeld und vor dem Hintergrund Ihrer bisherigen Erfahrungen vorsichtige Prognosen darüber stellen, welche Dinge noch von Ihnen toleriert werden können und welche nicht mehr. Welche Kleidung, Wäsche, welche Schuhe, Frisuren und Make-ups Sie der Partnerschaft zuliebe und überhaupt aus Zuneigung noch mit Gelassenheit und mit einer gewissen liebevollen Heiterkeit zu tragen bereit sind.

Ob für Sie beispielsweise Analverkehr noch akzeptabel ist, tangiert die oben angedeutete Gemengelage aus Normen, ethischen, ästhetischen und anderweitigen Grundüberzeugungen je nach Ihrem psychosozialen und sozialisationsbedingten (also aus bisherigen Erziehungs- und Umwelteinflüssen bestehenden) Hintergrund schon ganz erheblich.

Wie würde es aber für Sie sein, liebe Leserin, wenn Ihr Partner von Ihnen verlangte, sich wie ein kleines, etwa zehn- oder elfjähriges Mädchen herzurichten, mit Zöpfen, kurzem Röckchen, Kniestrümpfen usw.? Er hat pädophile Neigungen bei sich entdeckt, möchte diese aber aus verständlichen Gründen nicht ausleben, sondern mit Ihnen sozusagen kompensatorisch in Form sexueller Rollenspiele befriedigen. Möglicherweise werden Sie sich schon bei dem Gedanken an die von Ihrem Partner gewünschte Verkleidung sowie dem damit verbundenem Rollenspiel «komisch» fühlen. Ein noch größeres Problem bereitet Ihnen aber wahrscheinlich die Offenbarung der pädophilen (sexuelle Neigung zu Kindern) Bedürfnisse Ihres Partners. Eine Neigung, die an den ethischen Grundfesten vieler Menschen rüttelt und gerade in letzter Zeit immer stärker auch Gegenstand öffentlicher Diskussionen geworden ist. Obwohl – und das festzuhalten ist wichtig – Ihr Partner vermutlich nicht beabsichtigt, tatsächlich sexuellen Kontakt mit einem Kind zu suchen, Ihr spielerisches Eingehen auf seine Phantasien und Wünsche also keiner dritten Person schaden würde, beschleicht Sie möglicherweise ein Gefühl des Unbehagens und der Abwehr bei der Vorstellung, Ihrem Partner zuliebe in die Rolle eines kleinen Mädchens zu schlüpfen. Hinzu kommt, dass dieses Ansinnen – jenseits aller moralischen Bedenken – mit Ihren eigenen Bedürfnissen aller Wahrscheinlichkeit nach überhaupt nichts zu tun hat.

Hier ist nun ein Punkt erreicht, der Sie vielleicht nach professioneller Hilfe (für sich und vor allem für Ihren Partner) Ausschau halten lässt. Die Schwierigkeit wird nur sein, dass Ihr Partner seine Neigung nicht als leidvoll erlebt – und ohne Leidensdruck gibt es so gut wie keine Therapiemotivation. Deshalb werden sogenannte «Paraphilien» auch so selten – zumindest ambulant – behandelt, weil die betroffenen Menschen aus ihrer Neigung ja Lust beziehen und das Leid erst sozusagen sekundär entsteht, z. B. durch strafrechtliche Konsequenzen bestimmter sexueller Handlungen.

Ein weiterer Faktor erschwert die Beurteilung, ob es hilfreich wäre, wenn die betroffene Partnerin sich quasi als «Ersatzobjekt» zur Verfügung stellen würde. Nach einiger Zeit nimmt der Reiz der Simulation für denjenigen, der dieses Arrangement wünschte, rapide ab. Die Simulation wird als Surrogat und damit als unbefriedigend erlebt, sodass die Überlegung bleibt, ob die Partnerin dieses Mannes den höchstwahrscheinlich hohen Preis an Selbstverleugnung zahlen sollte angesichts eines voraussichtlich geringen – kompensatorischen – Erfolgs. Ob die Phantasien des Partners, einschließlich des Konsums entsprechender Pornographie, nicht dadurch eher noch nachdrücklicher verstärkt werden und nach ihrer Verwirklichung drängen oder ob die «paraphilen», im geschilderten Beispiel pädophilen Neigungen weiterhin im Reich der Phantasie ausgelebt und dann eben auch darin verbleiben können, ist eine offene, bis jetzt noch weitgehend unbeantwortete Frage. Fachlich kompetenten Rat einzuholen ist aber allemal zu empfehlen; in einer Partnerschaft können wir alles Mögliche füreinander sein – uns gegenseitig «therapieren» zu wollen wird jedoch mit Sicherheit scheitern.

### Keine Angst vorm Abgrund

Nicht nur bei pädophilen Neigungen, sondern bei allen möglichen anderen, statistisch betrachtet vielleicht eher seltenen Spielarten menschlicher Sexualität, sollten wir jedoch gemeinsam, kameradschaftlich, liebevoll und im wortwörtlichen Sinne partnerschaftlich nach Lösungen und befriedigenden Kompensationsmöglichkeiten suchen. Allerdings unter dem Vorbehalt, weder sich noch anderen zu schaden und der vereinten Kreativität des Paares keine Beschränkungen zuzumuten. Voraussetzung dafür ist vor allem Gesprächsbereitschaft, die nicht zurückschreckt vor Themen, Triebansprüchen und seelischen «Abgründen». Der Mut, auch die eigenen, eher «dunklen» Anteile unserer Persönlichkeit zu betrachten, uns auch zu unseren «Schatten» zu bekennen und den Versuch zu unternehmen, diesen Persönlichkeitsanteil in unser Leben zu integrieren, erfordert ein stabiles Selbstwertgefühl und das Vertrauen, vom anderen mit meinen Macken angenommen zu werden. Unter anderem mit Hilfe der Rationalen Selbstanalyse kann es Ihnen gelingen, ohne Angst in diese «Abgründe» zu blicken, der «dunklen», weitgehend unbekannten, möglicherweise nur an zum Teil intensiv wahrgenommenen, sexuellen Triebansprüchen identifizierbaren Seite Ihrer Persönlichkeit nicht auszuweichen oder vor ihr zu fliehen.

Dazu ist es nötig, sich der Existenz dieser nicht immer bewussten Persönlichkeitsanteile und ihres Einflusses auf Ihr Denken, Fühlen und Handeln bewusster zu werden. Auch nötig ist es, die verdrängten, unterdrückten und verleugneten Antriebe, Bedürfnisstrukturen, Werte, Normen, Erlebnisse, Erfahrungen und inneren Bilder gemeinsam mit dem Partner bzw. der Partnerin zu «bearbeiten». Dabei werden sich Ihnen Möglichkeiten eröffnen, diese Kräfte nutzbar zu machen und weiterhin «Herrin und Herr» im «eigenen Hause» zu bleiben!

## Kapitel 13

# Fremdgehen und -gehen lassen

Dieses Kapitel möchte Ihnen Anregungen geben, wie Sie mit mehr Gelassenheit, als Sie bisher bei sich selbst vermuteten, auf Erfahrungen des «Betrogenwerdens» oder des «Betrügens», des «Verlassenwerdens» oder des «Verlassens» reagieren können.

Massive Schuldgefühle bei Ihnen sind nicht weiter verwunderlich, wenn Sie sozusagen den aktiven Part einnehmen, also der- oder diejenige sind, der oder die «fremdgeht» und / oder sich anschickt, den Partner oder die Partnerin zu verlassen. Der Umgang damit kann nur gelingen, wenn diese den Schuldgefühlen zugrunde liegenden Normen und Werte radikal in Frage gestellt werden. Dabei müßte es dann möglich sein, auch im «schlimmsten Fall», dies dürfte in den meisten Fällen die Trennung sein, mit Trauer, aber nicht mit Hass auseinander zu gehen. Bei Ehescheidungsverfahren sollte vielleicht auch die Unterstützung so genannter «Mediatoren» gesucht werden. Bei der «Mediation» wird unter Mithilfe speziell ausgebildeter Juristen und Psychologen zwischen den beteiligten «Parteien» vermittelt – vor dem Hintergrund rationaler, so weit wie möglich aggressionsfreier Vorgehensweisen – und beispielsweise ohne Instrumentalisierung der Kinder oder des bisherigen gemeinsamen Eigentums. Damit wird eine Trennung in «Würde» möglich, mit der Chance, vielleicht sogar weiter miteinander befreundet zu sein und ohne Streit für die gemeinsamen Kinder zu sorgen.

### Die Katastrophe

Schlimmer im Sinne von Ohnmachtserfahrungen und Hilflosigkeit, des Eindrucks von Kontrollverlust und Ausgeliefertseins stellt sich die Situation für denjenigen dar, dessen Partnerin oder dessen Partner eine erotisch-sexuelle Beziehung zu einem anderen Menschen aufnimmt und/oder die Absicht hat, die bisherige Beziehung zu beenden. Das «Katastrophenszenario» im Kopf des/der bis zu diesem Zeitpunkt ahnungslosen Partners/Partnerin ist leicht vorstellbar. Insbesondere bei schon lange bestehenden Ehen und Lebensgemeinschaften tritt häufig bei dem betroffenen Partner oder der betroffenen Partnerin ein fast schockartiger Zustand ein, ein Zustand des Unwirklichen, des Nichtglaubenkönnens und der Verleugnung der Wirklichkeit – «Das darf doch nicht wahr sein!» –, aus dem sich wieder zu befreien und der «grausamen» Wahrheit ins Auge schauen zu können durchaus einige Zeit in Anspruch nehmen kann.

Eher «harmlose» Fragen an die eigene Person, etwa: «Was hat die ‹Nebenbuhlerin›/der ‹Rivale›, was ich nicht habe?», kennzeichnen ein Stadium der «narzisstischen Kränkung», einer Verletzung des Selbstwertgefühls, die zu überwinden nur möglich ist, wenn es dem Einzelnen gelingt, sich von gesellschaftlichen und/oder in der Partnerschaft herausgebildeten Maßstäben zu befreien und etwaige Vergleiche anzustellen. Es ist völlig unsinnig, nach «objektiven» Gründen für Begehren, für Liebe zu suchen! Man begehrt, nicht weil ... jemand so und so aussieht, man liebt, nicht weil ... jemand die und die Eigenschaften besitzt. Man begehrt und liebt eben völlig «grundlos» und letztlich auch nicht begründbar. Mir kann vielleicht eine der angeblich schönsten Frauen der Welt begegnen, ein hochbezahltes Topmodel mit ebenmäßigem Gesicht und makelloser Figur, intelligent, charmant und über einen fabelhaften Geschmack verfügend – und sie lässt überhaupt keine Saite in mir erklingen, ich finde sie langweilig und zum Einschlafen. Die nicht mehr ganz junge, nicht mehr so ganz «taufrische» Frau mit ihren Lachfältchen um die Augen, ihrem vielleicht nicht mehr ganz so jugendlich straffen Busen, ihren ein wenig ausladenden Hüften und etwas stämmigen Beinen, ihrer nicht allzu brillanten sprachlichen Formulierungskunst und ihrer Schüchternheit, sie hingegen finde ich hinreißend, in sie verliebe ich mich Hals über Kopf! Eine Erklärung dafür – gibt es nicht.

Mit Blick auf diese schlichte Lebensweisheit ist die Frage, was die wohl haben möge, was jene nicht hat, so töricht wie überflüssig. Dadurch wird ein Seitensprung oder eine (beabsichtigte) Trennung für den «Zurück- oder auf der Strecke Bleibenden» nicht schöner, aber vielleicht befreit es von dem Zwang zum Grübeln darüber, was wohl mit der eigenen Person nicht stimmen könnte. Nichts gegen Selbstkritik und Selbstironie sowie die Fähigkeit, Abstand zu sich selbst zu gewinnen! Aber Lebenskrisen sind der ungeeignetste Moment dafür, weil die belastenden Ereignisse und ihre Verarbeitung so gut wie alle psychischen Kräfte in Anspruch nehmen und die wenigen noch verbleibenden Kapazitäten dazu benutzt werden sollten, das schon angeknackste Selbstwertgefühl wenigstens halbwegs aufrechtzuerhalten.

Bedenken Sie bitte, dass erfahrungsgemäß etwa ein bis drei Jahre benötigt werden, um das Trauma einer Trennung seelisch zu verarbeiten und sich in dem neuen Lebensabschnitt zurechtzufinden. Aber wie so häufig im Leben stellt sich im Rückblick oft heraus, dass es gerade die Sackgassen gewesen sind, die uns weitergeführt haben, dass wir aus Krisen zwar mit Narben auf der Seele, aber auch gestärkt, erfahrener und – gelassener hervorgegangen sind. Gelassenheit heißt ja nicht Indifferenz und Gleichgültigkeit, sondern die realistische und frei von jeder Selbstabwertung erfolgende Einschätzung dessen, was aktiv verändert werden kann und was als – nicht mehr – veränderbar akzeptiert werden muss.

Gehen lassen, loslassen können und Abschied nehmen heißt eben nicht, die gesamte Zeit des Zusammenlebens unter dem Brennglas nachträglicher negativer Interpretationen zu betrachten und dieses gemeinsam verbrachte Stück Leben neu, und zwar abwertend, zu definieren. Bekennen Sie sich zu diesem Teil Ihres Lebens, vielleicht waren die letzten beiden Jahre nicht ganz so erfreulich, aber die zehn Jahre davor waren doch insgesamt o. k. Sie haben sich in dieser Zeit weiterentwickelt, und ohne Ihre Partnerschaft wären Sie heute nicht der Mensch, der Sie nun geworden sind.

Die Tatsache, dass womöglich eine Liebe zu Ende gegangen ist, hat sehr viel Traurigkeit zur Folge, entwertet diese Liebe aber nicht, weil sich herausgestellt hat, dass sie nicht ewig währt – auch das ist ein alter, falscher Mythos! Wenn allerdings auch Serien von Rationalen Selbstanalysen Sie nicht davon abhalten können, in endlose Grübeleien zu verfallen (frei nach Goethe: «Wie ein Mühlrad geht es mir im Kopf herum ...»), Sie vergeblich versucht haben, sich mit einem entsprechenden Denkverbot zu belegen, die selbstquälerischen Gedanken trotzdem immer wieder fast zwanghaft von Ihnen Besitz ergreifen, dann schlage ich Ihnen folgende Denkstoppübung(en) vor:

Unser Unbewusstes nimmt alles wortwörtlich, konkret,

weil es keine Metaphern, Gleichnisse oder symbolhafte Umschreibungen versteht. Ausgehend von dieser Tatsache ist unser Unbewusstes weitaus weniger der Sitz der Weisheit, die sitzt nämlich woanders, kommt nicht von allein und wird unter anderem durch gründliches Nachdenken erworben. Aber unser Gehirn und unsere (grüblerischen) Gedanken lassen sich mit etwas Übung verhältnismäßig leicht überlisten bzw. in die gewünschte Richtung lenken.

### Gründlich grübeln!

Bei der Aufforderung «Denken Sie jetzt auf gar keinen Fall an rosa Elefanten» taucht vor Ihrem geistigen Auge sofort das Bild eines rosa Elefanten auf; bei einem essgestörten Menschen lässt die Empfehlung, um Himmels willen bloß nicht an die gebratenen Hähnchenschenkel in seinem Kühlschrank zu denken, ihm das Wasser im Mund zusammenlaufen. Gleiche Mechanismen gelten für die therapeutische Hypnose, in der auch nur positiv formulierte Suggestionen gegeben werden dürfen. Nicht: «Du hast keine Schmerzen mehr» – dann hört das Unbewusste nur «Schmerzen» und produziert sie –, die Suggestion müsste lauten «Du fühlst dich sehr wohl» o. ä.

Ein ähnlich angelegtes und leicht durchzuführendes Training kann Sie in verhältnismäßig kurzer Zeit weitgehend von Ihrer quälenden Grübelei befreien. Wenn also der Befehl «nicht mehr Grübeln» nichts nützt, dann kann nur noch das Gegenteil helfen, nämlich das Symptom auch noch zu «verschreiben».

Wenn Sie beispielsweise zu einem bestimmten Zeitpunkt – z. B. abends zwischen 18 und 19 Uhr – sich wirklich ungestört in Ihren Lieblingssessel in Ihrer Lieblingsecke zurückziehen können, dann sollten Sie jeden Tag zu dieser Zeit sich dort hinsetzen und – gründlich grübeln! Dies hat u.a. den Vorteil, dass Sie sich tagsüber, wenn Sie von Ihren grüblerischen Gedanken heimgesucht werden, auf die Zeit zwischen 18 und 19 Uhr vertrösten können («Heute Abend kann ich das Ganze ja noch einmal gründlich durchdenken»).

Dieser Plan gibt Ihnen wieder Raum, sich um Ihre Alltagsgeschäfte zu kümmern. Die Tatsache selbst, dass Sie nun Abend für Abend «gezwungen» sind zu grübeln, wird Ihnen aller Wahrscheinlichkeit nach ziemlich schnell zum Hals heraushängen, Sie werden in Ihrem Lieblingssessel sitzen, mit den Fingern auf den Armlehnen herumtrommeln und sich recht albern vorkommen, zumal Ihnen nach einigen abendlichen Sitzungen nichts mehr einfällt, womit Sie gedanklich, grüblerisch, die Stunde ausfüllen könnten. Diese «Symptomverschreibung» führt dazu, dass das Symptom durch seine «exzessive» Übertreibung allmählich verschwindet, dieselben abgedroschenen Gedanken inzwischen so ausgeleiert sind, dass sie ihren peinigenden und zwanghaften Charakter verloren haben und nur noch als schemenhafte Umrisse im Kopf wahrnehmbar sind.

In «besonders schweren Fällen» bietet sich eine Variante an: Wenn der «Konkretismus» und die fehlende Fähigkeit des Unbewussten, Negationen zu verstehen, als feststehender Fakt anerkannt werden muss, dann lässt sich das auch nutzbar machen. Setzen Sie sich also zur angegebenen Zeit wieder in Ihre Ecke und grübeln Sie nicht nur, sondern schreiben Sie das «Ergrübelte» auch noch auf ein Blatt Papier! Am nächsten Abend «the same procedure», Sie sitzen in Ihrem Sessel und lesen das gestern Aufgeschriebene gründlich durch. (Auch in dieser Situation können Sie sich wieder selbst auf den Abend verweisen, wenn sich am Tag grüblerische Gedanken aufdrängen. Sie können sich sogar sagen, dass Sie im Moment nichts «gründlich überdenken» und behalten müssen, Sie können ja alles später nachlesen!), dann nehmen Sie das Blatt Papier und verbrennen es im Aschenbecher oder werfen es in den Papierkorb! Sie erkennen den für Ihr Bewusstsein symbolischen Akt! Ihr Unbewusstes versteht diesen Vorgang jedoch konkret: Weg mit diesen quälenden Grübeleien! Am dritten Abend schreiben Sie Ihre Grübeleien wieder auf, am vierten Tag vernichten Sie wieder das Papier, nachdem Sie das Geschriebene gründlich durchgelesen haben, am fünften Tag wieder grübeln und aufschreiben, am sechsten Tag durchlesen und vernichten usw. usw. «Das Pferd wird also totgeritten», und der Rhythmus von Grübeln, Aufschreiben, Durchlesen und Vernichten und der fortwährenden Wiederholung dieses Vorgangs wird sehr bald dazu führen, dass Sie, dass Ihre gesamte Psyche, die Nase gestrichen voll haben werden von diesen immer mehr sich selbst erschöpfenden und ihre negative Kraft verlierenden Gedanken! Genau das ist das Ziel!

In Zukunft genügt dann in aller Regel eine Ablenkung, die gedankliche oder tatsächliche Beschäftigung mit anderen Dingen, um keine Grübeleien mehr entstehen zu lassen.

### Lösungs- und nicht problemorientiert

Therapeuten machen im Prinzip nichts anderes: Mithilfe von Vorstellungsübungen, Entspannungs- und Imaginationstechniken sowie mit Hypnose kann Ihre Psyche fast «automatisch» dahin gehend trainiert werden, beim Auftauchen unerwünschter Gedanken vor Ihrem geistigen Auge ein Stoppschild erscheinen zu lassen.

Die hier genannten Vorschläge versprechen natürlich nicht die Lösung all Ihrer Probleme, beinhalten schon gar nicht ein wie auch immer geartetes Glücksversprechen, aber sie können dazu führen, mit mehr Ruhe und Gelassenheit und weniger selbstquälerischen Gedanken auf Ihr Leben zu blicken und Ihre Kräfte auf die Anforderungen der Gegenwart und die Gestaltung Ihrer Zukunft zu richten.

Lösungsorientiert und nicht nur problemorientiert sollte Ihre gedankliche Arbeit ausgerichtet sein – wie jede brauchbare Therapie übrigens auch!

### Der «Seitensprung»

Die Verletzung bestimmter Normen und Werte, die mit unserer Vorstellung von Monogamie und ihrem Exklusivitätsanspruch der sexuellen Treue verbunden ist, bilden ein hoch brisantes Gemisch aus Verlustängsten, Kränkung, Wut und Eifersucht mit ihren speziellen Anteilen aus Besitzdenken und eigener Selbstwertproblematik. In der Bibel steht zwar «Liebe deinen Nächsten wie dich selbst», aber es steht dort nicht, dass ich meinen Nächsten mehr als mich selbst lieben soll! Dies lässt den Schluss zu, dass ich erst dann einen anderen Menschen wirklich lieben kann, wenn ich gelernt habe, mich selbst zu «lieben», mit all meinen Stärken und Schwächen.

Wie kann ich denn sonst wirklich glauben, dass du mich liebst – ich mag mich ja noch nicht einmal selbst. Deshalb brauche ich auch fast ununterbrochen «Liebesbeweise» und nerve meine Partnerin / meinen Partner damit, zwanzigmal am Tag zu fragen: «Liebst du mich noch?» Das Ergebnis sind immer unwilligere und zähneknirschendere Antworten: «Ja – verflixt nochmal!» Im Grunde meines Herzens bin ich nämlich fest davon überzeugt – diesmal aus der männlichen Perspektive betrachtet –, dass meine Frau fremdgeht, denn es ist ja offensichtlich, dass so gut wie alle anderen Männer attraktiver, intelligenter, erfolgreicher und «potenter» sind als ich. Die männliche Eifersuchtsphantasie bezieht sich vor allem auf die sexuelle Untreue der Partnerin, während Frauen sich über den «nur» sexuellen Seitensprung zwar auch nicht «freuen», in erster Linie aber den Liebesverlust fürchten.

Mein «Othello-Komplex» führt zu immer überhitzteren Phantasien. Diese eigentümliche Melange aus Katastrophenfilm und Porno, die in meinem Hirn herumkocht, führt im Verein mit dem eifersuchtstypischen «Zwang zum Hingucken» dazu, dass Briefe geöffnet, Taschen durchwühlt, Tagebücher gelesen, Telefone abgehört und Privatdetektive engagiert werden. In selbstquälerischer, «masochistischer» Manier will ich alles genau wissen; obwohl es mich peinigt, unterziehe ich meine Partnerin inquisitorischen Befragungen und strengen Verhören. Wann, mit wem und wie habt ihr «es gemacht»? Ist er besser als ich und wie zeigt sich das? Usw. usw. Selbst wenn ursprünglich nichts an meinen Verdächtigungen stimmte, kann auf dem Weg der schon mehrfach erwähnten sich selbst erfüllenden Prophezeiung genau das Ereignis herbeigeführt werden, das ich am meisten fürchte. Zusätzlich wird dann möglicherweise tatsächlich meine Frau aus dem Haus geekelt und in die Arme eines anderen getrieben («Wenn du mir sowieso nicht glaubst, kann ich es ja auch tun!»).

Auch Desdemona war ja unschuldig, nur durch seine Phantasien wurde Othello zum Mord getrieben («Hast du schon zur Nacht gebetet, Desdemona?» Und das war's dann ...), und auch in der Realität wäre dies nicht der erste Mord aus «grundloser» Eifersucht – und höchstwahrscheinlich auch nicht der letzte.

Selbstverständlich lassen sich die Schuldgefühle beim einen und die – auch nicht immer unbegründeten – Verlustängste beim anderen nicht einfach durch eine Rationale Selbstanalyse auflösen. Gerade jüngere Menschen empfinden einen Seitensprung ihrer Partnerin oder ihres Partners als derart schlimmen Verrat und Vertrauensbruch, dass sie ihre gesamte Beziehung gefährdet sehen. Die normativen Vorgaben besitzen einen so großen Ausschließlichkeitscharakter, dass ein Abrücken davon die bisherigen Lebensgrundlagen erschüttern würde.

### Untreue

Dennoch ist es lohnenswert, insbesondere den – wenn auch millionenfach unterlaufenen – sexuellen Exklusivitätsanspruch in unseren Zweierbeziehungen näher zu untersuchen.

Unter historischen Gesichtspunkten ist seine Herkunft aus patriarchalischem Besitzdenken unverkennbar. Das Privateigentum an Grund und Boden sowie das damit verbundene Erbrecht ließen erstmals in der uns überlieferten Menschheitsgeschichte die Beantwortung der Frage bedeutsam werden, von welchem Vater eigentlich dieses Kind abstammt. Vorher «gehörten» die Kinder der gesamten Sippe, nun aber musste tunlichst darauf geachtet werden, dass kein anderer in meinem Revier wilderte. Schon hier wurde der Boden für die noch bis heute zu beobachtende patriarchalische Doppelmoral bereitet, die dem Mann immer mehr sexuelle «Freizügigkeit» zugestand als der (Ehe)Frau, die zu seinem «Besitzstand» gehört(e). Glücklicherweise hat sich in dieser Hinsicht zumindest in den westlichen Industriestaaten inzwischen sehr vieles durch den Einsatz und den Kampf mutiger Frauen zum Positiven verändert, ohne dass dieser Prozess schon abgeschlossen wäre. Gleichwohl spukt in unseren (nicht nur männlichen) Köpfen noch allerlei «archaisches»

Gedankengut herum. Natürlich können wir nicht einfach voluntaristisch, also per einfachen Willensentscheid, beschließen, unsere gesamten Wertvorstellungen zu verändern. Der Zwang zur Promiskuität, d. h. zur häufig wechselnden Sexualpartnerschaft, ist genauso repressiv – und wirkte auch in den verschiedenen sozialen Experimenten der «Apo» und der Studentenbewegung in den sechziger Jahren psychologisch genauso verheerend – wie in der Vergangenheit eine rigide und lustfeindliche Sexualmoral.

Trotzdem kann uns eine Relativierung und eine Umkonstruierung unseres Normengerüsts möglicherweise davor bewahren, «das Kind mit dem Bade auszuschütten». Vielleicht sollten wir wegen eines «Seitensprungs» nicht gleich den Stab über unsere Partnerin oder unseren Partner brechen, sie oder ihn in Grund und Boden verdammen, ein unbarmherziges Urteil über ihn oder sie fällen und all das Gute und Schöne, das unsere Beziehung bisher charakterisierte, unter den Tisch fallen lassen.

Dieses gnadenlose Nichtvergebenkönnen sollte einer «Kultur» des Verzeihens weichen, die nicht nur dazu verhilft, Beziehungen zu stabilisieren und nicht gleich «alles über Bord zu werfen», sondern zusätzlich in der Lage ist, mittel- und langfristig den eigenen «Seelenfrieden» zu bewahren.

Und damit wären wir wieder bei der Gelassenheit, die, obwohl der Weisheit so sehr verwandt, zwar nicht alles Leid verhindern kann, aber wirksam davor schützt, zusätzliche, überflüssige Katastrophen zu produzieren, deren Ursachen doch eigentlich nur im Kopf zu suchen sind.

## KAPITEL 14

### Rat und andere -schläge
### Über den Gebrauchswert von «Gebrauchsanweisungen»

Auf dem Markt der «Sexualratgeber» wimmelt es geradezu von Glücksversprechen und Ekstasegarantien. Die Schläge, die dort in alle Richtungen ausgeteilt werden, werden als Ratschläge verkauft, die, wenn sie doch nur befolgt würden, die Menschheit von allen sexuellen und erotischen Problemen befreien würde.

Nichts gegen gute Ratgeberbücher, am Ende dieses Buches sind einige aufgeführt, und nicht zuletzt dieses Buch möchte Ihnen ja auch dazu verhelfen, Ihre Beziehung und Ihr Sexualleben vielleicht ein wenig zu verbessern. Die inflationäre Bücher-, Zeitschriften- und Filmeflut der letzten Jahrzehnte lässt nach wie vor die Beantwortung der Frage offen, wieso denn immer noch oder möglicherweise sogar wieder verstärkt das Schlafzimmer ein Ort mit Schwierigkeiten, Problemen und Tränen (geblieben) ist und eben nicht nur ein Platz, wo man Ruhe und sexuelle Lust finden kann. Leistungsdruck und Versagensängste haben einen hohen Anteil an dieser Entwicklung, nicht zuletzt hervorgerufen durch den Konsum obiger Medienprodukte, die geeignet sind, falsche, übertriebene und wirklichkeitsfremde Erwartungen zu wecken. Sexueller Frust beginnt im Kopf, weil dort – wie ich zu beweisen versuchte – das wichtigste Geschlechtsorgan ist, nämlich unser Gehirn.

Wenn dieser Körperteil nicht auf Sexualität ausgerichtet und eingestimmt ist, passiert auch in anderen Körperregionen nichts. Ratschläge wie «Ziehen Sie doch mal schwarze Reizwäsche an» oder «Führen Sie Ihre Frau doch mal in ein schickes Lokal aus, um dann anschließend...» können bei ihrer Umsetzung in den, beispielsweise ehelichen, Alltag eher zu einer peinlichen Veranstaltung werden. Der etwas bärtige Witz von der Ehefrau, die obigen Ratschlag befolgte, sich in schwarzer Reizwäsche, schwarzen Strümpfen und schwarzem Negligé ihrem von der Arbeit nach Hause kommenden Ehemann präsentierte und dieser, nur das «Schwarze» sehend, mit der Frage reagierte: «Ist was mit Oma?», weist genau auf die entscheidende Schwierigkeit hin.

Wenn Gedanken und erotische Situation auseinander klaffen, wenn im entscheidenden Moment keine sexuellen Phantasien entstehen, kann das entsprechende Arrangement eher durch Peinlichkeit als durch erotisches Flair gekennzeichnet sein.

Wenn der Ehemann nachmittags im Büro schon sexuelle Tagträume produziert, weil gerade nicht viel Arbeit anliegt, den Inhalt der Lektüre noch im Kopf, welche erogenen Zonen beim Vorspiel besonders zu stimulieren seien und in welchen Positionen und mit welchen Techniken am ehesten orgastische Knalleffekte zu erreichen wären, er also überzeugt vom Gebrauchswert dieser «Gebrauchsanweisungen», voller Vorfreude und mit begehrlichen Gedanken an sein liebendes Eheweib nach Hause eilt – ja, dann kann auch Folgendes passieren: Sich genau an die eingeprägten «Gebrauchsanweisungen» haltend, beginnt er systematisch die erogenen Zonen seiner Partnerin aufzusuchen, um ... ein ärgerliches Abschütteln seiner ihren Körper berührenden Hände und ein unfreundliches «Lass das!» zu ernten.

Was ist passiert? Klein Fritzchen hatte sich die Knie bei einem Sturz aufgeschürft und musste getröstet und verpflastert werden. Während dies geschah, wäre Klein Erna fast im Gartenteich ertrunken bei dem Versuch, eine Libelle zu fangen, und zu allem Überfluss gab die Waschmaschine mitten im Hauptwaschgang ihren Geist auf. Abgesehen davon spürt sie, dass ihre «Tage» im Anmarsch sind, was immer ein wenig auf ihre Stimmung drückt – und das Abendessen ist auch noch nicht fertig.

Ihr Pascha von Ehegemahl könnte sich ja auch mal darum kümmern – wie oft haben sie das schon diskutiert –, aber bis der mal in die Gänge kommt ... Und jetzt fängt er ausgerechnet in dieser Situation auch noch damit an, an ihr herumzubasteln! Erotisch, sexuell stimulierend? Um aus der Haut zu fahren ist das, und sonst nichts!

Wir können wohl beide Beteiligten verstehen und mit ihnen fühlen. Wir können es nicht zuletzt deswegen so gut, weil wir alle schon ähnliche Szenen erlebt haben. Die Dramaturgie ist immer etwas anders, die Kulissen und Kostüme sehen anders aus und das Textbuch hat andere Sätze – der Tendenz nach sind uns solche Situationen jedoch nicht ganz unvertraut.

Wir wissen im Grunde recht genau, warum beide Verführungsversuche so gründlich schief gingen. Die Phantasie des / der zu Verführenden war nicht im Gleichklang mit der jeweiligen Inszenierung! Diese Phantasien brauchen Anlässe, «Futter» und einige Übung, wobei möglicherweise auch ein Zuviel an Außenreizen lähmend auf die Phantasietätigkeit wirken kann.

Kein vernünftiger Mensch wünscht sich wohl den Mief der fünfziger Jahre zurück, aber manchmal werde ich den Eindruck nicht los, dass die Entschleierung aller sexuellen

Geheimnisse, die Veröffentlichung und die zum Teil «exhibitionistische» öffentliche Darstellung auch noch der bizarrsten sexuellen Praktiken zusammen mit einer ungeheuren Bilderflut auch zu einer Verarmung eigener Phantasien führen können.

Wenn alles sozusagen «von außen» angeliefert wird, braucht das Gehirn selbst keine «Phantasieprodukte» mehr herzustellen. Weiterhin erzeugt nach meiner Ansicht das Zurschaustellen jedweden sexuellen Verhaltens durch «Abnutzung» auch eine Spannungslosigkeit und Langeweile, die im Gegensatz zu der doch eigentlich wünschenswerten sexuellen Spannung und «Aufregung», zu den «Schmetterlingen im Bauch» und dem abenteuerlustigen Erforschen von erotischem Neuland stehen. Wo alle Schranken beseitigt, alle Zäune eingerissen und alle Grenzen aufgehoben wurden, gibt es auch keine lustvollen Grenzüberschreitungen mehr.

Genau dies drückte in einem Fernsehinterview auch ein Mitglied der Sado-Maso-Subkultur aus, als er bedauernd davon sprach, dass die Befreiung der S/M-Szene aus ihrem geheimen Ghetto, aus ihrem selbst gewählten «Untergrund», ihr auch viel an Reiz genommen und ihre «Normalisierung» zu einem partiellen «Spannungsabfall» geführt habe.

Eine der für mich traurigsten und auch deprimierendsten Fernsehsendungen im Bereich Sexualität behandelte das Thema «Gummifetischismus». Ein Interview. Stellen Sie sich bitte ein Wohnzimmer vor, wie es wahrscheinlich millionenfach von Otto und Ottilie Normalverbraucher eingerichtet und benutzt wird. An der Wand im Goldrahmen und in «Essig und Öl» ein schneebedeckter Berggipfel mit Almhütte im Vordergrund, darunter ein Sofa, dessen linke und rechte Ecke mit durch präzise Handkantenschläge in die richtige Form gebrachte Kissen geschmückt wird, und auf diesem Sofa sitzend ein Paar, von Kopf bis Fuß in engem, schwarzem Gummi oder Latex gekleidet, lediglich Augen und Mund knapp unbedeckt. Dieses auf den ersten Blick im krassen Gegensatz zu dem Ambiente wirkende Paar «passte» auf eine traurige Art in meiner Wahrnehmung im weiteren Verlauf des Interviews immer genauer in ihr «altdeutsches» Wohnzimmer. Sie erzählten davon, wie toll und erregend ihr Fetischismus doch sei, in welche Höhen sexueller Ekstase sie doch durch ihn getragen würden. Ganz abgesehen davon, dass die Ehefrau offensichtlich in erster Linie ihrem Mann zuliebe («er hat mich darauf gebracht») diese Verkleidung und die damit einhergehenden Praktiken mitmachte und nun, um eine «kognitive Dissonanz» zu vermeiden, auch alles ganz großartig fand bzw. finden «musste», strahlte dieses demonstrative Zurschaustellen einer angeblichen Normalität ganz im Gegensatz zu den Aussagen des befragten Paares eine Langeweile und Biederkeit aus, die mich traurig und nachdenklich machte.

Nachdenklich vor allen Dingen hinsichtlich des doch wohl äußerst starken Bedürfnisses nach ebendieser «Normalität», nach der gesellschaftlichen Anerkennung auch der – statistisch gesehen – «exotischsten» sexuellen Neigungen und Verhaltensweisen. Denn das reine Vergnügen, unbelastet von Angst und großem Lampenfieber, können solche und ähnliche öffentliche Darbietungen für die Beteiligten nun wirklich nicht sein. Woher kommt denn nun dieser intensive, bei manchen offenbar kaum zu unterdrückende Wunsch nach «Normalität» und gesellschaftlicher Akzeptanz, wenn wir mal Eitelkeit und das Bedürfnis, einmal im Leben durch einen Fernsehauftritt im Mittelpunkt der Aufmerksamkeit so vieler Menschen zu stehen, unberücksichtigt lassen?

Ich glaube, dass das entscheidende Motiv für den Schritt in

die Öffentlichkeit in den Schuldgefühlen zu suchen ist, die im Unterschied zu der wie ein Bauchladen vor sich hergetragenen Liberalität, Offenheit und Vorurteilsfreiheit diese Menschen weiterhin stark belasten, weil sie möglicherweise im Grunde ihrer Seele überhaupt nicht von der «Normalität» ihrer sexuellen Präferenzen überzeugt sind (vielleicht spricht ihr Gewissen, ihr «Überich», trotz aller Überzeugungsversuche immer noch von «abartig» und «unnormal») und diese «Normalität» nun (über)kompensatorisch durch einen «Bekenntnisakt» herzustellen versuchen.

Das alles deutet nicht gerade auf eine unverkrampfte, nur dem Grundsatz der Unterlassung von sich und/oder andere schädigendem Verhalten verpflichteten Haltung zu allen Spielarten menschlicher Sexualität hin. Aller «Bekennermut», alles Öffentlichmachen, alles der Heimlichkeit Entrissene hat immer noch nicht dazu geführt, sexuelles Erleben und Schuldgefühle zu entkoppeln, ohne gleichzeitig der Sexualität den Reiz des «Verbotenen» völlig zu nehmen.

Jeder soll auch im Reich der Sexualität nach seiner Fasson selig werden, solange das Recht auf die sexuelle Selbstbestimmung anderer davon unberührt bleibt.

Die Befreiung von (Versagens)Ängsten, falschen Erwartungen und Frustrationen muss offensichtlich nach wie vor von jedem einzelnen Menschen in Auseinandersetzung mit seinen verinnerlichten Normen und Werten sowie denen seiner Partnerin oder seines Partners geleistet werden.

Selbstverständlich können bei dieser Auseinandersetzung die Erfahrungen anderer, Literatur und die elektronischen Medien eine große Hilfe bedeuten, nur abgenommen wird dem einzelnen Menschen die Arbeit der «Überich-Analyse» mit dem möglichen Ziel einer «kognitiven Umstrukturierung» im Sinne der Entwicklung und Herausbildung realitätsgemäßer und lustfreundlicher Wertestrukturen von niemandem.

Diese «Orientierung» muss auf weiten Strecken allein geleistet werden. Wer sich aus geistiger Trägheit oder Befangenheit vor dieser Arbeit drückt, wird auch seine (sexuelle) Phantasie kaum zur vollen Entfaltung bringen können und sein Sexualleben wird dann genau an der Phantasielosigkeit leiden, die auch durch noch so gut geschriebene (Ratgeber-)Bücher, durch noch so gut gemachte Magazine, Videos und Filme nicht behoben werden kann.

# KAPITEL 15

# Das Gehirn als erogenste Zone

**Ein kurzes Traktat über die Kunst der «Selbstverführung»**

Ich kann mir nicht vorstellen, dass Sie nach den vorherigen Ausführungen nun «Ratschläge» erwarten, wie Sie zum unwiderstehlichen Verführer, zur betörenden Verführerin werden können. Dennoch möchte ich noch einige zusammenfassende Worte darüber verlieren, wie ein «Gleichklang der Seelen», der jeder «Verführung» innewohnt, erreicht werden könnte.

Nicht von ungefähr ist in der Kapitelüberschrift auch von «Selbstverführung» die Rede. Damit soll der Tatsache Rechnung getragen werden, dass die Übereinstimmung erotisch-sexueller Bedürfnisse und deren gemeinsame Befriedigung nur gelingen kann, wenn erst einmal durch die auf den/die andere(n) gerichteten erotisch-sexuellen Phantasien das eigene Begehren geweckt wurde. Echt und überzeugend wirke ich als Verführerin oder Verführer nur dann, wenn diese «Selbstverführung» als waches, «zielgerichtetes» Verlangen auch tatsächlich herbeigeführt werden konnte. Nur dann wird es möglich, meine Wünsche, meine «Sehn-Sucht», abgestimmt auf die ganz speziellen, höchst individuellen «Empfangskanäle» (die ich natürlich erst einmal kennen gelernt haben muss) des «Objekts meiner Begierde» – sprachlich und nichtsprachlich –, mitzuteilen. Um es ganz nüchtern und prosaisch auszudrücken: Wieweit und auf welche Art und Weise diese «Informationen» von den «Empfangskanälen» meines Gegenübers, genauer von seinem psychischen Apparat, also seinem Gehirn, aufgenommen und hirnphysiologisch verarbeitet werden, hängt davon ab, mit welchen Bewertungen (da sind sie schon wieder, oder noch immer, unsere «B») diese «Informationen» versehen werden.

Und je nach erotisch-sexueller «Aufladung» dieser «Informationen» wird das Gehirn in seiner Funktion als erogenste Zone des Körpers die Phantasien, Gefühle und körperlichen Empfindungen produzieren, die eine erotisch-sexuelle Begegnung eben zu einer der lustvollsten Erfahrungen des menschlichen Lebens macht.

Ohne diesen mentalen sowie (hirn)physiologischen Ablauf keine «Verführung», und wenn das Gehirn auf anderen Frequenzen schwingt, also keine «gemeinsame Wellenlänge» hergestellt werden kann, dann gibt's keine Verführung!

Alles andere wäre dann eher Überredung, Nötigung, Erpressung oder Überrumpelung, von einem «Gleichklang der Seelen und der Körper» keine Spur.

### Intimität

Eine weitere Bedingung muss erfüllt sein, damit («Selbst)Verführung», in dem von uns so verstandenen Sinn, überhaupt geschehen kann. Gemeint ist ein Zustand von Intimität, der zwar auch Anteile von – wortwörtlich und nicht wertend gemeint – «Schamlosigkeit» beinhaltet, aber auf gar keinen Fall mit ihr verwechselt werden sollte.

Diese wohlverstandene Intimität stellt sich nicht sofort und per Knopfdruck ein, sondern ist das Resultat eines meist längeren Prozesses, an dessen Ende ein Zustand von Offenheit, gegenseitigem Vertrauen und damit einhergehend «intimer» Kenntnis der Überzeugungen, Eigenschaften und Bedürfnisse der Partnerin oder des Partners steht. Erst dann ist der von uns so herbeigesehnte harmonische Gleichklang möglich.

Diese Intimität als eine der entscheidenden Voraussetzungen für eine befriedigende erotisch-sexuelle Interaktion stellt sich nicht nur über die gemeinsame Sexualität ein, sondern wird auch weitaus größere Bereiche des (Zusammen)Lebens umfassen.

Wir alle haben schon die Erfahrung gemacht, dass Gespräche, die sehr «tief» sitzende seelische Schichten berühren und die getragen sind von der gegenseitigen Bereitschaft, sich zu öffnen, sich in bestimmten, höchst «intimen» – gar nicht mal unbedingt sexuellen – Bereichen dem anderen «preiszugeben», ein Grad von Nähe und Intimität erzeugt wird, die in einer «normalen», von Zuneigung unterschiedlichster Ausprägung, von Freundschaft oder Liebe geprägten Beziehung in aller Regel dazu führt, dass die schon bestehenden Gefühle füreinander eine Vertiefung erfahren.

Die sich daraus entwickelnde – noch – größere Intimität lässt ein Aufeinandereingehen zu, welches die Übereinstimmung von Phantasie und Wirklichkeit, Wunsch und Wunscherfüllung jenseits von «falscher Scham», aber auch ohne den Drang, alles «öffentlich» machen zu müssen, eben auch im erotisch-sexuellen Bereich zu einer «Kunst» werden lässt, die zu beherrschen wohl nur den wirklich Liebenden gelingen wird.

# Weiterführende Literatur

Baldauf, Andrea / Biele, Stefan
**Was uns anmacht. Die sexuellen Phantasien der Deutschen**
rororo sachbuch 60331

Baldauf, Andrea / Biele, Stefan
**Pure Lust. Sexuelle Phantasien der Deutschen**
rororo sachbuch 60635

Barbach, Lonnie Garfield
**For Yourself**
**Die Erfüllung weiblicher Sexualität**
**Ullstein Verlag**

Braun, Joachim / Martin, Beate
**Gemischte Gefühle. Ein Lesebuch zur sexuellen Orientierung**
rororo sachbuch 60835

Ellis, Albert
**Grundlagen und Methoden der Rational-Emotiven Verhaltenstherapie**
**J. Pfeiffer Verlag**

Haeberle, Erwin J.
**Die Sexualität des Menschen**
**Handbuch und Atlas**
**Verlag de Gruyter**

**Lust. ... träumen ... erleben ... genießen**
**rororo sachbuch 60466**

Masters / Johnson / Kolodny
**Heterosexualität**
Ueberreuter Verlag

Möller, Michael Lukas
**Worte der Liebe. Erotische Zwiegespräche**
**rororo sachbuch 60433**

Quilliam, Susan
**Sexbuch nur für Frauen**
**Mosaik Verlag**

Raley, Patricia E.
**Making Love**
**Der Weg zur Liebe**
**Ullstein Verlag**

Schnack, Dieter / Neutzling, Rainer
**Die Prinzenrolle. Über männliche Sexualität**
**rororo sachbuch 19966**

Zilbergeld, Bernie
**Die neue Sexualität der Männer**
**dgvt-Verlag**